障害の子の脳をきたえる

レイティ博士 監修

笑顔がはじける スパーク運動療育

著 日本運動療育協会 理事
清水貴子

監 ハーバード大学医学大学院准教授
日本運動療育協会　特別顧問
ジョン・J・レイティ
（特別寄稿）

イラスト 絵本作家
ナムーラミチヨ

小学館

すべてはレイティ博士との出会いから始まった！

２００８年の秋、私が運動を指導していた方から『脳を鍛えるには運動しかない！（原題／ＳＰＡＲＫ）』の著者、ハーバード大学准教授のジョン・Ｊ・レイティ博士を紹介されました。博士によると、運動によって脳機能が改善されて学業成績が上がったり、うつを改善したり予防する効果もあるとのことでした。

当時日本では、毎年３万人を超える自殺者があり、その原因の多くは精神疾患でした。博士の話を聞いて私たちはこの社会問題を改善できると考え、企業の社員を対象に、うつ病などを予防する運動指導を始めたのです。

そんなある日、知人が訪ねてきました。日本人ながらアメリカで看護師として自分の子どもを含むたくさんの発達障害児の療育に15年間携わってきた彼女は、子どもが十分に改善したため帰国して、発達障害児の改善を助けることを目的としたＮＰＯを立ち上げたということでした。アメリカでは、医師や看護師を中心に理学療法士や言語聴覚士などがチームをつくって療育にあたり、運動はその重要な要素だったそうです。ところが、日本にはその態勢が整っていないばかりか、発達障害のある子どもに運動で療育する団体がなくて困っていたところ、たまたま私たちのウェブサイトを見つけたとのことでした。

この話を聞いた私たちは、この分野でも役に立てると思いました。なぜなら、発達障害は脳の機能障害で、適切な運動が脳機能の改善に効果的だということをレイティ博士が教えてくれていたからです。そして、豊富な療育経験をもつ彼女から医療的アドバイスをもらいながら運動療育の開発を始めたのです。

発達障害のある子どもは、運動機能だけでなく心の発達段階が実年齢より低い場合も多くあります。その発達段階を実年齢に近づけて特性傾向を緩和することで知られているのが「ＤＩＲフロアタイム（→P118〜119「用語解説」）」という発達心理学のアプローチです。遊びの中で子どもの興味から意味のあるコミュニケーションを引き出すこの技法は、日本ではあまり知られていませんが、欧米ではその実績が認められて広く普及しているので、運動療育の参考にしました。

こうして、でき上がったのが「スパーク運動療育」です。

2012年の夏、東京都から指定を受けてスパークの最初の児童発達支援事業所「スパーク代々木センター（以下、スパーク運動療育の事業所を「スパーク」という）」をオープンさせました。

はじめて来たときにはまったく目を合わさず、何もしゃべらず動いてもくれなかった子どもが、その日の帰りには目を合わせてあいさつし、数日後には先生の名前を呼び、いっしょに走り遊べるようになる。3か月もすると運動会ではじめてお遊戯《ゆうぎ》に参加できたという報告を受ける。見違えるような変化、成長に私たちのほうが驚き、喜ぶことがいく度となくありました。

こうした効果がクチコミで広がり、次々と入会する子どもが増えていったのです。

2013年の春には、スパーク運動療育を普及させるために一般社団法人日本運動療育協会を設立しました。

大好きな家族との運動が、最も効果的

しかし、全国に何十万人といる、発達が気になる子どもたち全員に私たちがスパーク運動療育をおこなうことは不可能です。そこで、ぜひご家族が中心になってご家庭でもスパーク運動療育をしてほしい、と願って企画したのが本書です。

そもそも、他人の私たちより、大好きなおうちの人がいっしょに体を動かして遊んでくれたら、子どもの変化はもっとめざましく現れるはずです。

本書ではおもに発達障害のある子どもをもつご家庭向けに、スパーク運動療育の考え方と、スパークで実施し効果が現れている運動遊びを紹介します。

はじめに、スパーク運動療育を監修しているハーバード大学准教授、ジョン・J・レイティ博士からのメッセージ、続いて1章では、運動が脳機能の改善に効果があること、とりわけ発達障害の子の脳によいことを説明します。

2章では、家族でできる具体的な運動や遊びを、イラストとともに紹介します。

そして最後の3章では、家族の方々に心がけていただきたいことを8か条でお伝えします。

この考え方と遊びは、定型発達（健常な発達）のお子さんにも大きな効果があります。きょうだいがいる場合は、ぜひいっしょにチャレンジしてください。

運動とかかわり方で、子どもがみるみる変わります

発達にでこぼこのある子どもを育てるのは大変です。

悩んだり、つらい思いをしたり、ストレスを感じることも多いでしょう。

そんな中、毎日子育てに頑張っている家族の皆さん。

この本を参考に、子どもの興味に共感して運動や遊びに取り組んでもらえたら、子どもはみるみる変わります。

まず、目の輝きが違ってきます。そして、悩まされていたいろいろな問題が、驚くほど改善されていきます。

本書で紹介する運動遊びは、すべて私が自分の経験を通じてつくったオリジナルで、その効果も実証済みです。


体を動かすのがおっくうという人も少なくないと思います。

でも、家族が変われば、家族が動き出せば、必ず子どもも変わります。

スパークで、何百人という子どもが、大きな変化、成長をとげてきたのです。

何より大好きな家族の影響は絶大です。

どうか、ちょっとエネルギーを出して、子どもといっしょに跳んだり走ったり、遊んだりしてみてください。


だいじょうぶ。

どの子どもも成長する力をもっています。

どうか、それを信じて、あきらめずに続けてみてください。

感情を育む身体運動の大切さを！

人間の行動は、ほとんどが感情の表現だと私は考えています。そして、その感情表現がゆたかになるように、長い間、感性をきたえるための運動を指導してきました。しかし現代社会では、運動というと体操や競技性の高いスポーツが主流で、スパーク運動療育のように感覚を磨き、感情を育む身体運動の大切さを理解していただくのはとても難しいことでした。

こんな私の考え方に心から共感してくれたのが、編集者の榎本康子さんでした。

自閉症スペクトラム障害のグレーゾーンの男の子の母親である彼女は、息子さんが5歳のときに仕事で「じゃれつき遊び」（→P118〜119「用語解説」）に出会い、試したところ、すぐに目の輝きが違ってきたということです。その後、息子さんとともに運動をし続けたところ、中学生になる頃には、こだわりや友だち関係、感覚過敏などについて、ほとんど気になるところがなくなったというのです。その経験から、運動が発達障害の子どもに効果があると確信し、同じ悩みをもった多くの家族に伝えたいという強い思いをもって、そのことを実行している療育施設を探し、スパークを見つけてくれました。そして小学館の青山明子さんの尽力により、出版の運びとなりました。絵は、子どもにあたたかなまなざしをもったナムーラミチヨさんが描いてくれました。心より感謝します。

本書が、子育てに頑張っている家族の方のお役に立てれば幸いです。

２０１６年４月

日本運動療育協会理事　清水 貴子

目次

あ、なんか音がした
ネエ～見て!!
やる！
ねえ、ねえ ねえ～
あのボトル たおして みようよ

3回 ぶつけられたら 負けね
どんな？ どんな？
どんなルール？
うん
何？ 何？
ヨーシ
やりたい
おもしろそう
ヨーシ
ウワ～ やりた～い！
負けないぞ～

第2章 家庭でできる運動あそび78

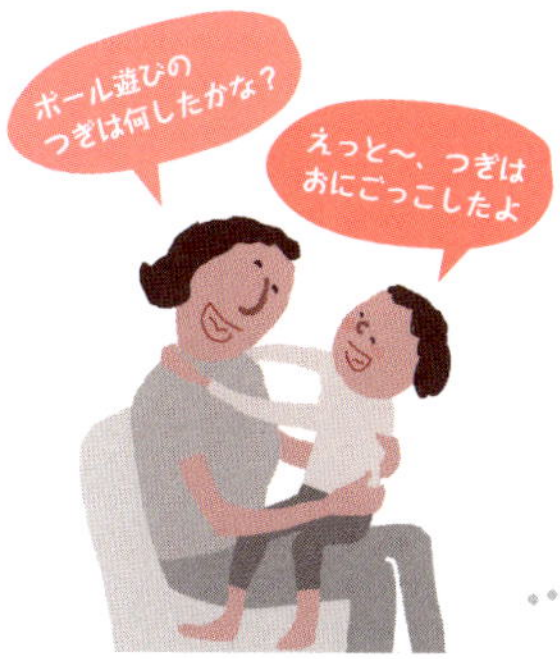
ボール遊びの
つぎは何したかな？
えっと〜、つぎは
おにごっこしたよ

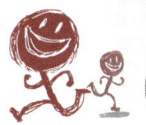

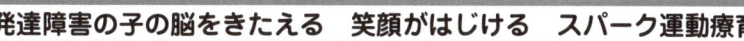

第3章 パパ、ママこそ療育士になれる！ 家族の心がまえ8か条

レイティ博士特別寄稿

すべての子どもたちにスパーク運動療育を！

スパーク運動療育を開発し
素晴らしい運動療育士を育てた
清水貴子さんへの賞賛を込めて

ハーバード大学医学大学院准教授・医学博士・スパーク運動療育特別顧問

ジョン・J・レイティ

訳：田島佳代子

運動は脳に絶大な効果がある

運動は、体だけに効果があると皆が思っています。たしかにその通り、筋力アップには運動が不可欠です。が、絶大な影響を受けるのは実のところ脳なのです。

運動は、いわゆる「情動の抑制」に優れ、衝動、集中力、イライラを上手にコントロールするのに役立ちます。

また運動は、記憶や学習などの認知能力を高めます。

運動すると、子どもも大人も集中力が上がるだけでなく、脳が学ぶ態勢に入るのです。

運動すると、ほかのどんな活動より活発に脳細胞が働きます。

脳には1000億を超える細胞があり、何をするにも、その一部を使うわけです。そしてどの活動よりも運動が最も広範囲に脳細胞を使います。

なぜなら、脳は「動くための脳」として進化し、人は高度で複雑な動きができるようになったからです。

運動は脳細胞を増やす最も有効な手段である

運動は脳の発達にとても役立ちます。

運動すると脳内で神経伝達物質や成長因子がつくられ、感情をよりコントロールでき、人生に前向きになれます。さらに、脳細胞を増やすことにもなります。

体のどの部分の細胞も同じですが、成長が止まれば、さびついてしまいます。正しい方法で対処すれば脳細胞は成長します。その方法が運動療育なのです。

運動するとセロトニン、ドーパミン、ノルアドレナリンなどの神経伝達物質が増えるだけでなく、脳細胞の成長を支える物質も増えます。

「奇跡の化学肥料」と私は呼んでいますが、脳で生成される脳由来神経栄養因子（BDNF）が肥料のように働き、脳細胞を生き生きと保ち、ストレスに対処できるようにしてくれます。

そして、脳細胞の発達も促します。これは学習にも大切なことです。なぜなら、私たちは脳細胞が成長しなければ何も学ぶことができないからです。

運動するとかなり脳を使うため、脳内血流が増え、運ばれる酸素も増えます。そして血液を細胞へ運ぶ毛細血管も発達します。脳を使って成長させているのです。

脳細胞が増え、細胞同士のつながりも強くなり、新たな生成プロセスも増えます。「神経新生（ニューロン新生）」と言って、毎日新しい細胞が生まれ育つのです。この生成を最大限に促すのが運動です。

〝ＧＯ ＷＩＬＤ〟「野生に戻る」ことの大切さ

著書『脳を鍛えるには運動しかない！（原題／ＳＰＡＲＫ）』を書くうちに、私は狩猟採集民族に興味をもちました。

その時代、人は常に体を動かしていました。ものをもち上げ、よじのぼり、泳いでいました。トライアスロンの訓練をしていたわけではなく、日常そのものがアスリートの生活だったわけです。

『脳を鍛えるには運動しかない！（原題／ＳＰＡＲＫ）』に続いて『ＧＯ ＷＩＬＤ　野生の体を取り戻せ！』という著書を出しましたが、そこで言いたかったのは、生活を「再野生化」することの大切さです。

それは、運動したり体を動かす時間を増やすだけでなく、食事、睡眠、マインドフルネス（今この瞬間に全力を傾けること）、自然に身を置くこと、そして人とのつながりにも目を向けることです。狩猟採集民族は、これらを自然な形で日常的におこなっていました。昔、人々は小さな集団で育ち、絆《きずな》が強く、つながりは温かいものでした。

「野生に戻る」ことのもうひとつのポイントは小さな集団にいることから得られる恩恵です。

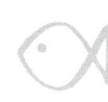

強く温かい絆《きずな》の中にいると、あるホルモンが分泌されます。「絆ホルモン」または「愛情ホルモン」と呼ばれるオキシトシンです。

オキシトシンは、脳の機能を調整し、生命活動を整えます。

さらに、他者に関心をもち、また他者からの関心を引くためにとても重要なホルモンなのです。オキシトシンの働きで、人を惹《ひ》きつける魅力がにじみ出るからです。

このホルモンが増えるのは、人とつながることや睡眠のおかげでもあります。適切な睡眠をとり、また運動することでもオキシトシンは増えるのです。

自然が与えてくれる感覚刺激

自然に身を置くことも必要です。

人は生来「自然」に惹かれるものなのです。自然はおもしろい効果を私たちに発揮します。森を散歩するだけで免疫系によい効果があります。血圧、循環器系、糖尿病、血糖値の調整が改善します。

自然の中にいることは、とても有効だと科学的に実証されています。たとえば、手術を受けたとして、術後に過ごす病室に外の自然が見える窓があったら、窓のない部屋の患者より1日か2日早く退院できます。

こうした驚くような所見はずいぶん前から知られていました。

自然は、運動にもメリットがあります。自然の山道またはその辺の道路でも、室内のランニングマシンで走るのと屋外で走るのを比べると、外で運動するほうが神経伝達物質の分泌量、脳由来神経栄養因子の生成量がはるかに多くなります。

なぜなら、外ではあちこちに気を配らないといけないからです。周りに気をつけていないと、つまずいてころんで怪我をしますからね。

しかし、あなたが森の中や海岸に面した崖などを走る機会に恵まれれば、きれいな景色や道みちの違いに気づくでしょう。それは、脳の働きを要求するのです。脳は、常に四方に気を配らなければならないからです。

脳は筋肉みたいなもので、使われたがっています。脳は、使えば使うほどさまざまな刺激という負荷がかかり、運動がその作用をさらに高めます。

スパーク運動療育をすすめる3つの理由

東京で実践されているスパーク運動療育は、私の推奨する考え方に通じます。

そのひとつは、遊び心がある、療育に最適な療育士たちの存在です。

遊びは、どんな子にも必要で、どんな子も反応します。そして、遊びは、子どもが学び成長する一番の方法です。

遊びは運動につながりますから、子どもは遊ばせなければなりません。

そのためにもスパークにいるような、ひょうきんで少し野生的な療育士たちが必要です。そのおかげで、子どもたちは集中力を保ったまま体を動かし成長し続けられるからです。

スパーク運動療育を推す次のポイントは、精神医学界では誰もが主眼とする、共感して子どもを理解し自己肯定感を高めることにすぐれていることです。つまりほめること、前向きに応援すること（「正の強化」と言います）、そして人間関係を大切にしているということです。

発達障害の行動療法では、子どもへのごほうびにお菓子などが使われますが、スパークでは、むしろ人間関係を大事にします。それは、子どもにとって一生役立つことなのです。

三つ目は、子ども自身の興味で動く「寄り道」を重んじていることです。指示に従わせるのではなく、寄り道にいっしょについていき、さらに、子どもの興味に向かって探検させ、好きなように走り回らせていますね。子どもに先導させるなら運動量も増えて効果が高まり、療育士との絆が深まりコミュニケーションも向上します。

寄り道を受け入れてもらえたと感じれば、子どもたちは自己を肯定する感情をもてて、自信につながるのです。

「脳の配線が異なる」お子さんをおもちの方へ

生活習慣として必要なこと、つまり運動、食生活の改善、睡眠、マインドフルネス（今この瞬間に全力を傾けること）、他者とのつながりは、どの年代の子にも有益です。

そして、自閉症スペクトラム障害、注意欠陥・多動性障害、学習障害など「配線の異なる」脳をもつ子どもにも役立ちます。そういった特性をもつ子どもの親御さんは「うちの子は脳の配線が違うんだ」と考えてください。

まずそれを認めて受け入れ、恥ずかしいと思わないこと。大切なことは、子どもが体を動かすようにすることです。

注意力や学習に困難があっても、そして自閉症スペクトラム障害の症状があっても、体を動かすことで脳も行動も改善します。食事、睡眠、自然、他者とのつながりに関する私たちの提言にならってください。

そうすれば、言動、気分、生きることへの感謝、ストレスへの対処力も向上して、よりよい人生を手に入れることができるようになるのです。

第1章

発達障害の子の脳をきたえるには運動がいちばん！

運動すると脳にいいことがわかってきました。とくに発達に偏《かたよ》りのある子どもに、大きな効果があることがわかっています。この章では、運動がどのように脳の発達に作用し、特性傾向の低減につながるかを紹介します。

運動すると、学力が上がる！

運動は脳に絶大な効力があることがわかってきました。集中力、記憶力が上がったという研究がたくさん報告されています。

集中力、記憶力が高まる

最近の脳科学の研究で、運動は脳に絶大な効果があることがわかってきました。

以前は、脳細胞の数は生まれたときが最高で後は減る一方だと考えられていましたが、運動をすると脳細胞が増えることが証明されたのです。集中力が高まり、学習能力や記憶力も向上します。

実際に、運動によって集中力が高まったり、成績が上がったとする実例も論文でたくさん報告されています。

朝10分の運動で、学力が飛躍的に上がった

米国イリノイ州ネイパービルの203学区にある高校の例

授業の始まる前の**10分間**をゼロ時限として**毎日運動**を続けた。

↓

世界約23万人の生徒が参加する学力テスト（TIMSS：国際数学・理科教育動向調査）で、

理科１位、数学６位に

（シンガポール、韓国、台湾、香港、日本に次ぐ）という結果を出した。

米国全体では、38か国中、理科18位、数学19位。（1999年）

↓

いかに203学区の生徒が素晴らしい成績だったかがわかる。

（『脳を鍛えるには運動しかない！』ジョン・J・レイティ＆エリック・エイガーマン著、NHK出版）

運動は脳によい！
アメリカやヨーロッパでの研究結果

徒歩や自転車で通学する子は集中力が高い

（デンマーク、コペンハーゲン大学とオーフス大学の共同研究）

５歳から19歳の子どもたち１万9527人対象に、
集中力を測るテストを実施。

↓

学校まで車で送ってもらったりバスで通っている子どもより、
徒歩や**自転車**で通っている子どものほうが
集中力テストの結果がよかった。

↓

「小学校３年生の場合、徒歩や自転車で通学すると、教育を受けた期間が６か月長い児童に相当するまで集中力が増す」
（論文執筆者）

（AFP BB NEWS 2012.11.26）

運動プログラムの継続で、テストの平均点が17%～18%上昇

米国ペンシルバニア州タイタスヴィルの中学校の生徒
（ほとんどの児童が給食費の補助を受けている学校）

毎日運動プログラムを続けた。

↓

もともとは、州の平均以下だった学力が、
リーディングで州平均の**17%上、**数学で**18%上**に。

↓

学力だけでなく、
2000年以降550人の中学生の中で、
殴り合いが一度も起きていない。

（『脳を鍛えるには運動しかない！』ジョン・J・レイティ
＆エリック・エイガーマン著、NHK出版）

校内での暴力事件が前年度の228件から95件に減少

米国ミズーリ州カンザスシティのウッドランド小学校

2005年に体育を週１回の授業から
毎日45分へと増やし、
もっぱら**有酸素運動**をさせるようにした。

↓

１学年度の間に児童の健康状態は
劇的に改善された。

↓

校内暴力が激減。

（『脳を鍛えるには運動しかない！』ジョン・J・レイティ
＆エリック・エイガーマン著、NHK出版）

運動すると、脳細胞が増える！

運動すると脳が成長し、いい状態になります。脳細胞が増えるほか、いくつもの要因が重なって、脳が強化されていきます。

5つの要因で 脳がいい状態に

運動すると脳がいい状態になります。具体的には、おもに5つの要因があることがわかっています。

運動すると、

脳由来神経栄養因子（ＢＤＮＦ）が脳内でつくられる

これは**タンパク質の一種で、脳への肥料のようなもの**。これを与えると**脳細胞が生まれ成長する**ことがわかっている。運動するだけでタンパク質がつくられ、脳細胞が増える。

運動すると、

新しい神経回路がつながる

脳は、細胞だけでは機能しない。人は新しいことを学んだり記憶をするとき、細胞と細胞のつながり、回路ができるが、これが重要。**この回路のネットワークの発達こそが、体の機能や知性や心の発達、すなわち脳の成長の姿**である。運動をするとこの回路が強化される。

運動すると、

インスリン様成長因子（IGF-1）が多く分泌される

これは**記憶を保ったり強くしたりする働きがある**とされる。運動すると**血液を細胞へ運ぶ毛細血管を増やす因子も分泌される**。毛細血管は脳へ酸素やエネルギー源を送るために大変重要。

運動すると脳でここが変わる！

運動すると、有酸素運動で脳が活性化

脳のエネルギー源はブドウ糖やケトン体。まずはきちんと食事をすることが大切だが、これらを燃焼させてエネルギーにするには酸素が必要。有酸素運動をすると、**血流がよくなり、脳へたくさんの酸素やエネルギー源が送られる**。その結果、脳のエンジンがかかり、脳に活力が出て、やる気が起きる。

運動すると、セロトニンやドーパミンなどの神経伝達物質がつくられる

ドーパミンは、**脳の前頭葉を活性化させ、気持ちを前向きにして集中力を高める**働きがある。セロトニンはうつの予防につながるとともに、**ドーパミンを適正量に保つ**働きがある。

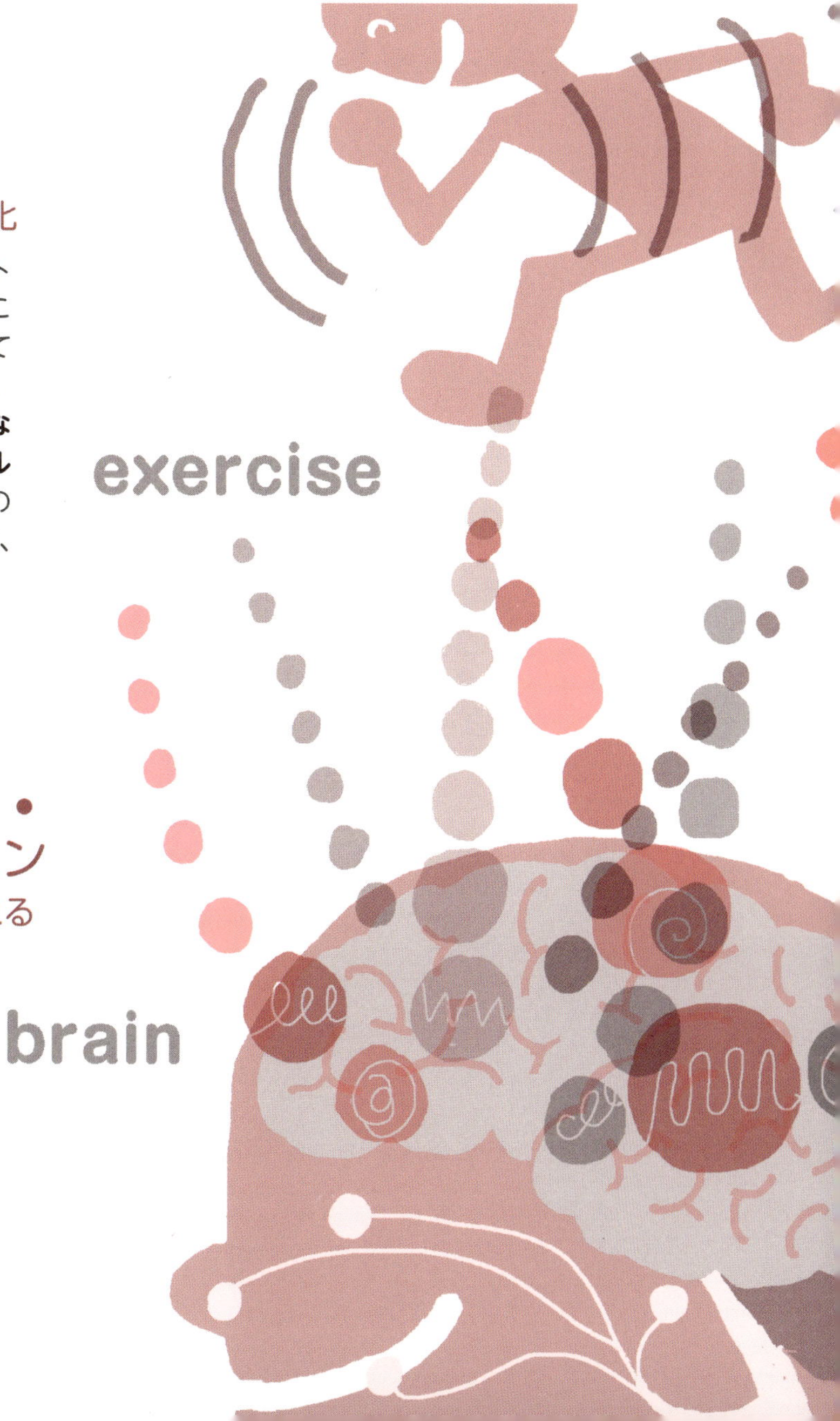

発達障害の子の脳に新しい回路ができる！

運動して脳をいい状態にしたうえで、学習したり表現したりすると、新しい神経回路が生まれ、脳の特性を補ってくれます。

脳の回路が次々新生する

運動はすべての子の脳をきたえ、大人の認知症予防やうつ予防などにも効果があります。

発達に偏りのある子どもたちにも、きわめて大きな効果が期待できます。

発達障害のある子どもは、何かの原因で脳神経細胞の回路が定型発達の子と一部違っています。しかし、あきらめるには早い！　成長の過程では、まだまだたくさんの回路ができていくからです。

脳の新しい回路が苦手なことを補う

運動をすると新しい回路がたく

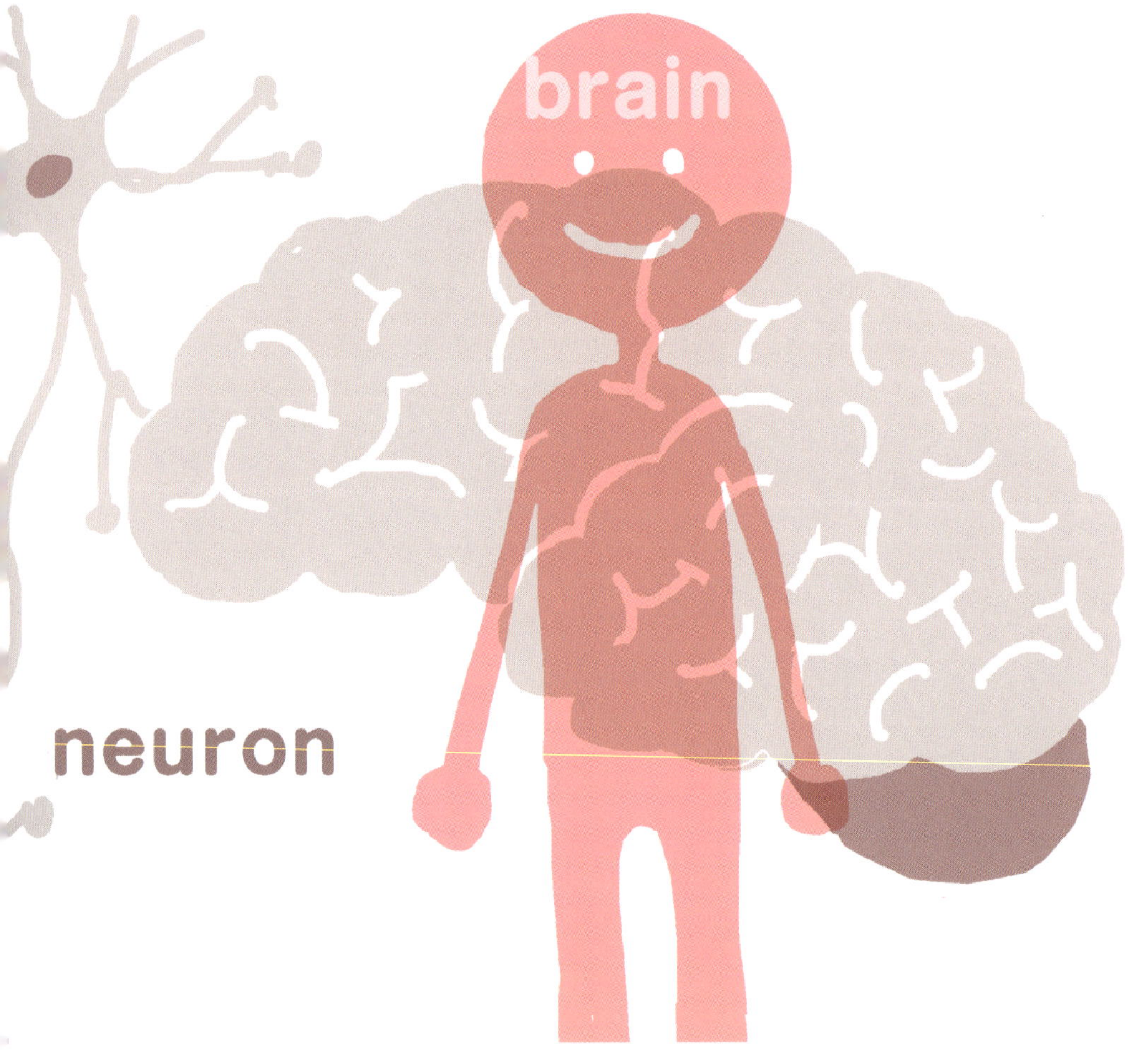

さんできます。すると、回路が一部違うために目立っていた脳の特性が目立たなくなり、苦手だったことも、別の新しい神経回路が補って、ちょっと違ったやり方でできるようになるのです。

「脳の可《か》塑《そ》性《せい》」という言葉を聞いたことがあるでしょうか。脳はねんどのようにやわらかく、大幅につくり変わる、あるいは再生することができる、といった意味です。

運動で脳をいい状態にしたうえで、さまざまな感覚情報を受け取り、学習をしたり表現したりすると、効率よく神経回路が生まれ育っていきます。

脳の可塑性とは？

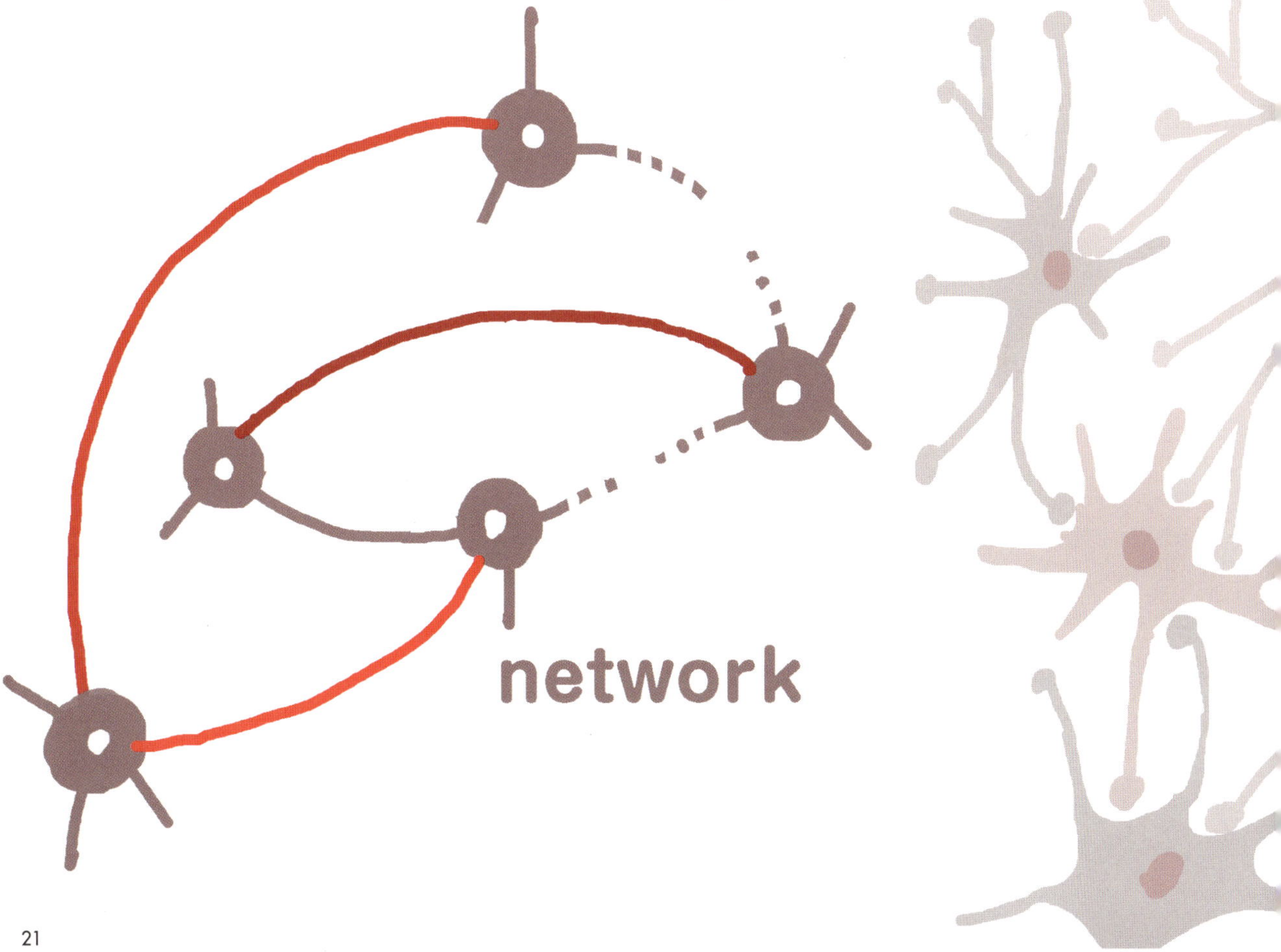

発達障害の子が運動で変わった！

発達が気になる子どもに運動が効果的ということは、アメリカをはじめ世界の数々の研究で実証されています。いくつか紹介します。

通学前の有酸素運動でADHDの症状が軽くなる

（米国ミシガン州立大学とバーモント大学による研究）

幼稚園年長から小学校２年生まで約200人
（ADHDの徴候のあるなしにかかわらず）

中程度から強度の**身体活動**を
通学前に**毎日**するグループか、
すわって参加する授業タイプの活動グループか
のいずれかに無作為に分けられ、いずれも12週間実施続けた。

↓

全参加者に不注意や怒りっぽさなどについて
改善の徴候が見られたが、
運動群のADHDの徴候がある子どもは、
すわりがちな活動群よりも広い範囲での効果が見られた。

↓

**不注意、多動、衝動性、敵対的なふるまい、
不機嫌、友だちに対するふるまいなど
ADHDの症状が軽くなった。**

（リンク・デ・ダイエット2014.9.10、Journal of Abnormal Child Psychology2014.9）

毎日
身体活動
身体活動する
ADHDの子
に効果が！
すわって
授業

運動は発達障害の子の脳によい！ 世界での研究結果や事例

ADHDの子が５分間のランニングの後、コンピュータゲームで驚異的な結果！

（ブラジル、モジ・ダス・クルーゼス大学とサンパウロカトリック大学の合同研究）

10歳から16歳の合計56人（ADHD28人）

ADHDの症状あり、なしの子それぞれの半分の子が
ランニングの後「プリンス・オブ・ペルシャ」
というコンピュータのタスクゲーム
（アクション・ゲーム）をする。

↓

ADHDの症状ありでランニングの後
ゲームプレイをした子どもは
ADHDの症状ありでゲームプレイのみ参加、
症状なしでゲームプレイのみ参加した子より、
30.5％もタスク達成数字が**アップ**した。

↓

また、それはADHDの症状なしで
ゲームのみに参加した子と
たった2.5％しか違いがない数値だった。

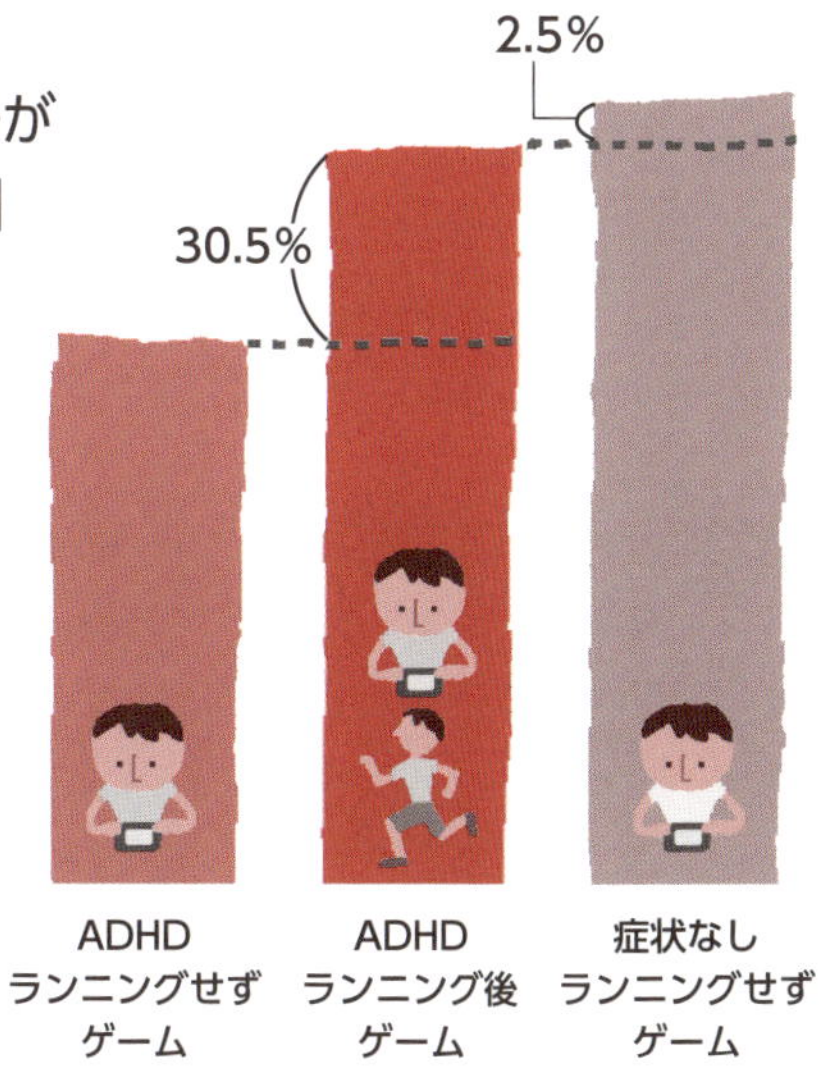

（PLoS ONE、US National Library of Medicine National Institutes of Health　v.10(3); 2015）

有酸素運動やバランス、協調運動などを

脳には有酸素運動が効果的。発達が気になる子どもには、コントロール能力、バランス感覚を養ったり、協調運動を取り入れるとさらに効果があります。

有酸素運動の効果は絶大！

発達が気になる子どもの脳に、運動が効果があると話しましたが、中でも有酸素運動は即効性があります。

有酸素運動をすると、血流がよくなり、脳にエネルギー源と酸素が効率よく送られるからです。

脳のエンジンがかかり、集中力が高まって頭がしゃきっとします。

そのほか、コントロール能力やバランス感覚を高める運動や協調運動を遊びの中に取り入れると高い効果が期待できます。これらは、発達障害が見られる子に不十分といわれる能力、感覚だからです。

1 有酸素運動

まずは有酸素運動をしよう。酸素やエネルギー源を脳にたくさん送ることで脳をいい状態にし、脳のエンジンをかけよう。

有酸素運動はできれば外で

外を走れば、でこぼこがあったり、石が落ちていたり、人とすれちがったり。さまざまに注意を向けて、頭や「体性感覚」（→P118～119「用語解説」）を使わないと走れない。また、外での運動には日の光を浴び、風や鳥の声を聴くなど、「感覚刺激」をともなう。さまざまに注意を向け、五感を刺激する環境の中で有酸素運動をすると、脳全体が活性化することがわかっているので、できれば屋外での有酸素運動が効率がよく、おすすめ。

屋外で有酸素運動をしよう

発達が気になる子に効果的な運動とは？

横に引いた線に向かってのジャンプは、体のコントロール能力のトレーニングになる

なわとびは協調運動としておすすめ

2 コントロールを高める運動

身体のコントロール能力は、大きく２つあり、ひとつはたとえば右足の親ゆびといった体の特定のパーツを意識して動かす力。もうひとつは、つかもうと思ったおはじきをつかむ、床に書かれた線に向かって跳ぶといった、外にあるものに合わせて体を動かす能力。どちらも日常生活を送るうえで重要な力だが、発達に偏りのある子の場合、不十分なことが多い。

3 バランス感覚を養う運動

片足で立ち続けることができなかったり、ケンケンがうまくできないことも、発達に偏りのある子の特徴のひとつ。遊びの中にバランス感覚を養う動きを取り入れたい。

4 協調運動（コーディネーション）

手をたたきながらリズミカルにジャンプをする、手足で別の動きを同時にするといった運動が協調運動。ボールで遊ぶ、なわとびをするなどスポーツの動きの多くが協調運動だが、発達に偏りのある子どもには、これを苦手とする子が多い。

子どもの興味から運動につなげる

子どもはさまざまなものに興味をもちます。運動や遊びをしているときに興味が移っても、まずは子どもの興味につきあいましょう。

強制的にさせるとストレスに

運動させるときは、子どもの興味を尊重し、「やりたい」気持ちを引き出すのが最善策です。興味が運動遊びと別のところにあるときは、まずその興味に大人も関心をもつべきです。というのは、興味がないのに強制的に運動をさせるのは、子どもにとってストレスになる場合もあるからです。発達障害のある子の場合、たたいたりかんだり、自傷したりすることもあります。

寄り道につきあって興味から運動に

興味や遊び心から動くことを私たちは「寄り道」とよんでいますが、寄り道は、それ自体体験をゆたかにし、感覚や感情の幅を広げます。一見ムダに見えても、実は子どもの脳の発達に大変重要なのです。

子どもの寄り道を無視したり、やめさせたりせず、つきあって、興味を広げていくことが大切です。そのうえで、興味の対象をきっかけに、「やりたい」という意欲を引き出し、うまく遊びや運動につなげていくのです。

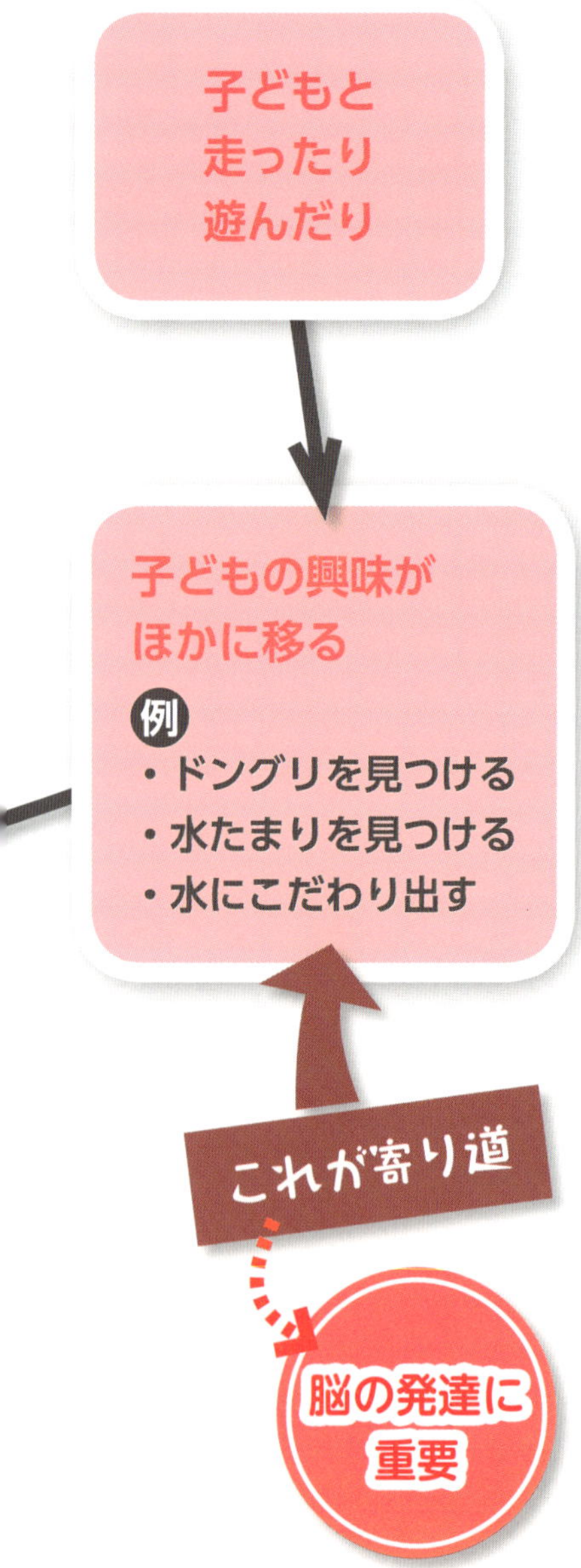

子どもと走ったり遊んだり
子どもの興味がほかに移る
例
・ドングリを見つける
・水たまりを見つける
・水にこだわり出す
これが寄り道
脳の発達に重要

「寄り道」につきあい、運動につなげる

大人が子どもの興味の世界に入りつきあう

興味をきっかけに遊びや運動につなげる

興味の幅を広める

興味を深める

※注意

子どもの興味につきあうといっても、特性傾向が強い子どものこだわり行動には命の危険をはらむものもあります。水などへのこだわりには十分注意しましょう。

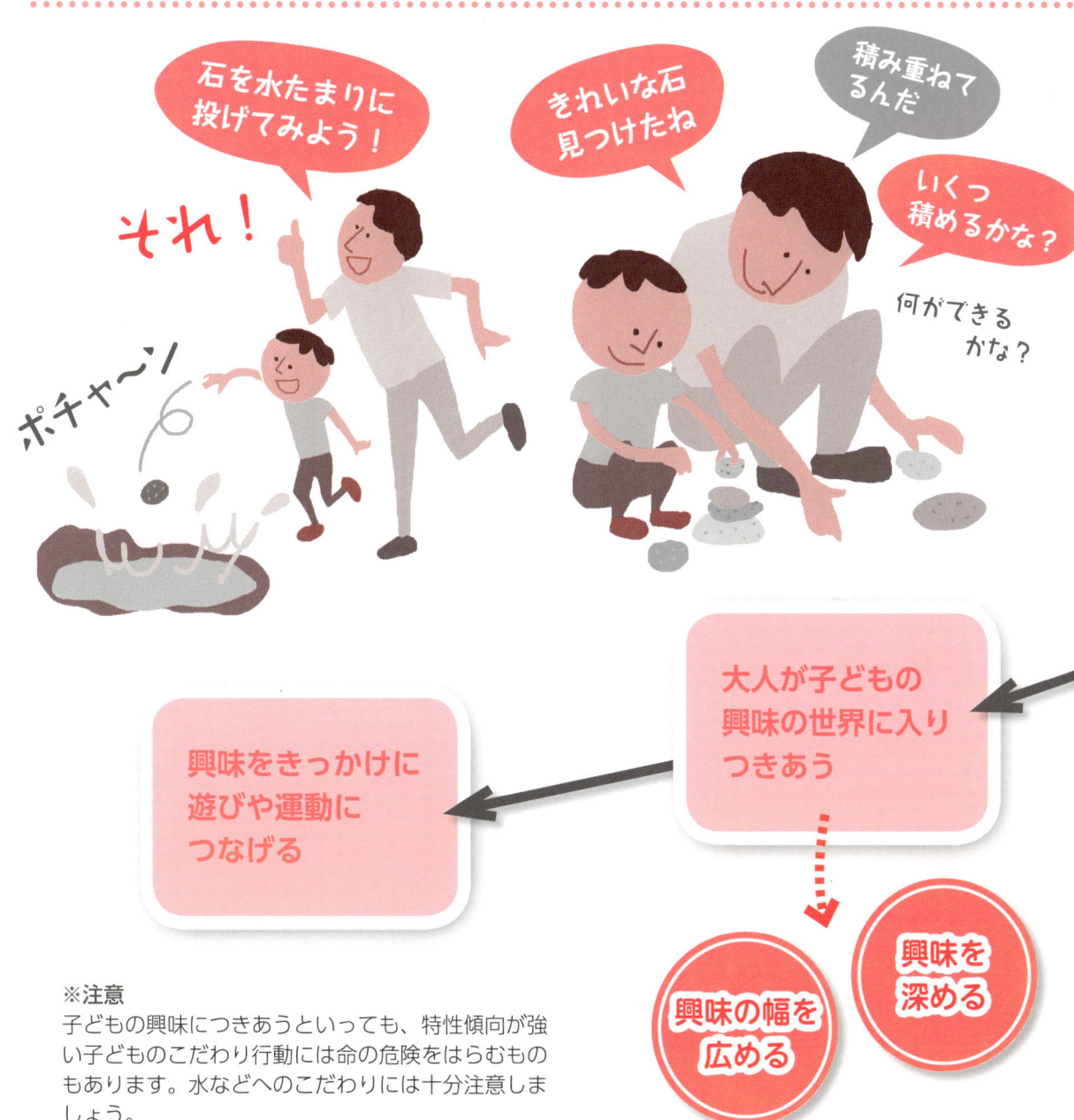

五感をたっぷり刺激し、ゆたかな感性を

視覚や聴覚、体内での感覚など、感覚にたっぷり刺激を受けることは、脳の発達のために重要です。それには屋外での運動が一番です。

体を動かし五感を刺激する

運動と同時に、五感などの感覚にたっぷり刺激を受けることも、脳の発達にきわめて重要です。

感覚とはなんでしょう？

大きく分けると、目、耳、鼻、口などで外からの情報をとらえる感覚と、運動するときなどに体の中の情報をとらえる感覚（体性感覚）（→P118～119「用語解説」）とがあります。

「屋外で運動すると脳を発達させる効果は足し算ではなく2乗になる」とレイティ博士が述べています。

つまり屋外で運動すれば、体の中からの情報と外からの情報、両方に注意を払いながら体を動かすので、それだけ脳が激しく活動し、新しい脳神経回路がつながって発達するのです。

また、五感を刺激されると、子どもたちは感情がふくらみ、声や言葉が出てくるなど、感情を伴った反応を示します。

感情がゆたかになることでさらに、脳神経回路の新生がおこなわれていくのです。

感情表現を促すやりとりが大事

感情がふくらんできたら、それを表現するサポートをしましょう。言葉やしぐさで感情を表すことができるよう、まずは子どもの気持ちを受け止め「ほんとに、おもしろいね～」などと共感します。

五感にたっぷり刺激を

陽の光、風、雨。鳥や虫の鳴き声。土のにおいや感触、生き物の動き。草や花、木々。それらの季節による変化……。

たくさんの情報（感覚刺激）を受ける。

屋外で運動すれば足し算ではなく、２乗の効果

運動

＋

屋外で五感を刺激

=10

屋外運動をすれば、視覚や聴覚からの情報と体の中からの情報を同時に得られる

屋外で運動

ワーキングメモリ（→P118〜119「用語解説」）を増やす効果も絶大だと言われている。

5^2=25の効果

感情がふくらみ、声や言葉、身体での表現が出てくる

笑い

うおー

きれい

すごい

おもしろい

ねえ、見て見て

受けた感情を表現

大人がまず子どもの気持ちを受け止める。

「わぁっ。おっもしろい花だね〜」と感情をこめて共感。子どもが言葉や表情で自然に感情表現できるよう促す。

大人との感情の伴ったやりとりを通じて、子どもは大きな声で笑えるようになったり、「ねえ、ゆれているよ。おもしろいから見て」などと感情表現ができるようになっていく。

大人との感情の伴ったやりとりを通じて、感受性が高まるとともに、感情表現もどんどんゆたかになっていきます。その結果、発達障害のある子どもが苦手とする感情のコントロールや共感する能力が増し、ＥＱ（心の知能指数）（→Ｐ118〜119「用語解説」）が高まります。

体と心の機能を引き上げ、「特性傾向」を下げる

運動をすると、「体の機能」と「心の機能」が高まっていきます。同時に発達障害のある子どもの「特性傾向」が弱まることがわかっています。

3つの視点で変化をチェック

スパークでは、運動で子どもたちのコントロール能力、バランス感覚などの体の機能がどのレベルまで高まったかを定期的に測定しています。

また、運動遊びをしながら療育士との感情の伴ったやりとりをする中で、注意力、表現力、コミュニケーション能力、などの能力も高まっていきますが、これらの「心の機能」も評価をしています。

もうひとつ、発達障害のある子ならではの特徴、いわゆる「特性傾向」もチェックしています。

これらを定期的におこなってみてわかったことは、運動療育によって「体の機能」と「心の機能」が高まると、左の図のように、その2つに引っ張られるように「特性傾向」の値が小さくなっていくことです。

家庭でも、運動遊びを続けることで体と心の機能が高まり、それと同時にさまざまな「特性」が目立たなくなっていくはずです。

心の機能

注意力、共感力、思考力、言葉などでの表現力、コミュニケーション能力、ふりかえる力などの能力

- 運動遊びをしながら感情の伴ったコミュニケーションをすることで高まる

「体の機能」と「心の機能」が高まると、「特性傾向」の値が引っ張られるように小さくなっていく

どの子にも同じ傾向が現れる

運動をすると「特性傾向」が目立たなくなっていく

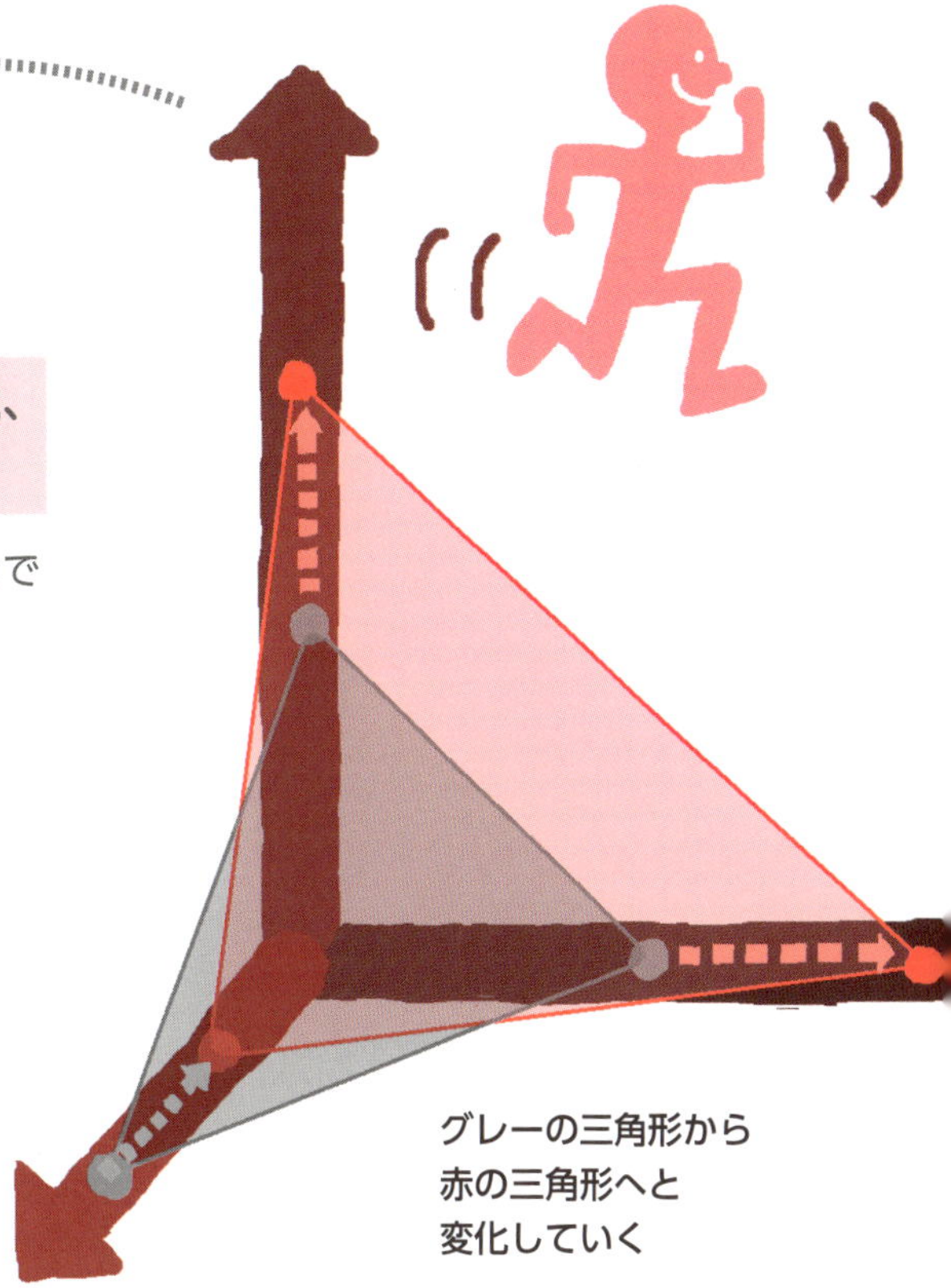

グレーの三角形から
赤の三角形へと
変化していく

体の機能

コントロール能力、バランス感覚、
協調運動能力など

●家族で楽しく運動遊びをすることで高まる

特性傾向

いわゆる発達障害児の特性
こだわり、多動、衝動性、
不注意、不器用など

スパークでは「寄り道」の中での興味の質（時間・量・深さ）、問題行動の頻度、パニックの頻度（情緒不安定の傾向）で評価

対症療法的に特性傾向を直接引き下げることは、難しいだけでなく、根本的な改善につながらない。

運動療育で体と心の機能の幅を広げ、土台から子どもの脳を変えていくことが、偏りの部分、「特性傾向」を緩和させていくことになる。

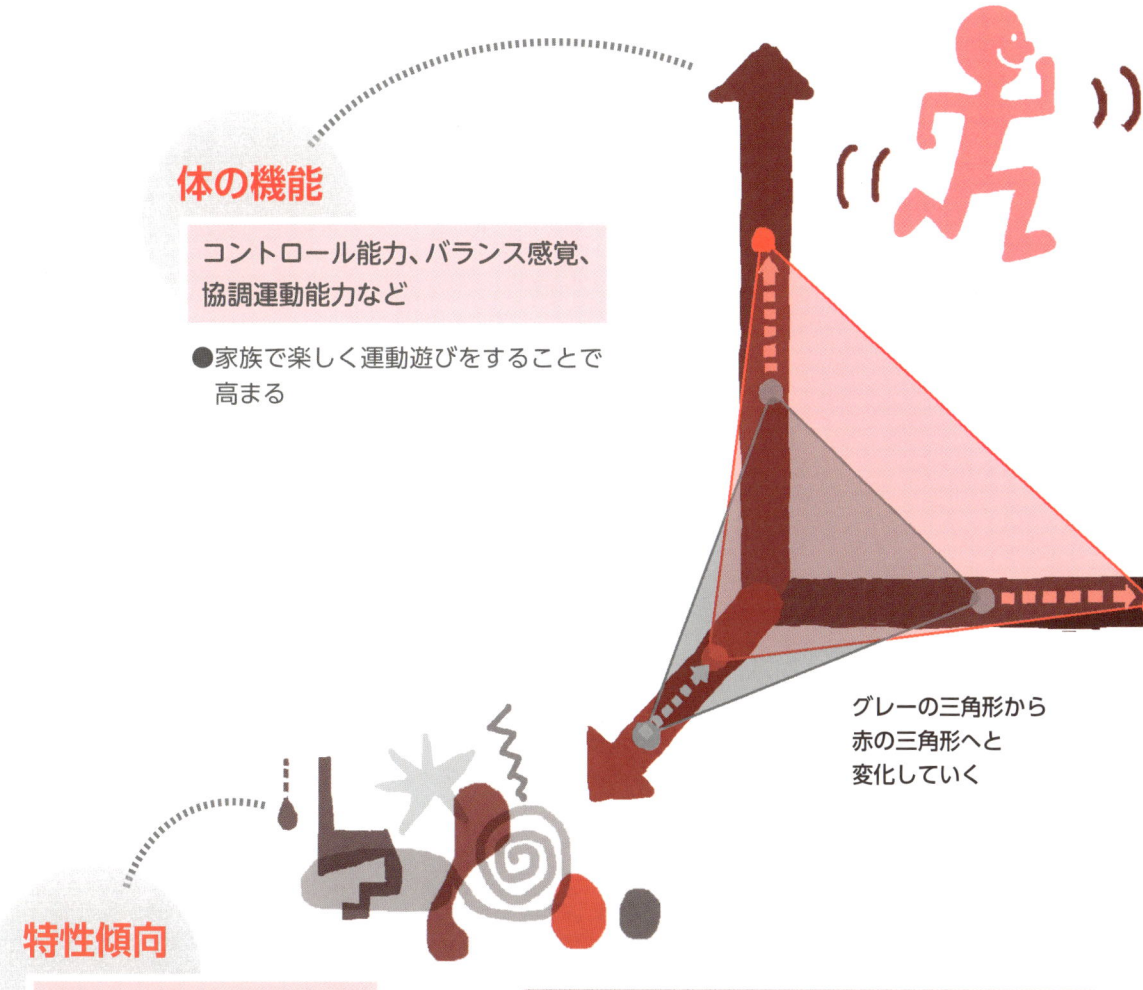

どの子も3か月あれば変わる!

スパーク運動療育で、これまでに多数の子どもが効果を見せています。早い子は、通い始めた初日から変化が現れます。どんなにかかっても3か月あれば、明らかな変化、成長を見せてくれます。

学校で寝なくなった

Kくん
中2・男の子

初めて来た小学4年生の秋頃は、見えない誰かに向かって話しかけている子でした。背骨の障害のため体力がなく、1、2年生のときは学校で1日過ごせず教室の床で寝ていたようです。バランスが悪くて走れず、ころんでばかりでした。

スパークに週1、2回通所して3か月。学校で寝なくなったとの報告が！　また半年で妄想がなくなり、宙に向かってしゃべることも激減。4年生が終わる頃には転倒せず全力で走れるようになりました。

「お母さん、きれいだね」と言えるようになった

Tくん
小1・男の子

体は大きいのに赤ちゃんのような走り方でよくころんでいたTくん。知的な遅れもあり、発語も一語文で、いつもよだれをたらしていました。スパークに週2回通い、3か月で体の動きがよくなり、ころびにくくなりました。

1年で、「お母さん、泣かないで」、公園の木々を見て「お母さん、きれいだね」など感情を言葉で表すまでに成長。よだれも消え、心身ともに成長しました。

P32〜38の写真は本文と関係ありません。

発語が急増し、劇的に成長した

Yくん
小2・男の子

5歳のとき発語は9語、言語聴覚士にこれ以上の発語はのぞめないと宣言されたというYくん。感情を表に出さず、興味をあまり示さない子でしたが、「高い高い」のような動きが好き。手助けされてジャンプをたくさんすると、しだいに「もっとやりたい」という欲求が高まり、表情が明るく生き生きと変化。さらに欲求を引き出すようにしているうち、感情も伝えるようになってきました。

スパークに週4回半年通って、発語が26語になり、小学校に上がるころには片言であいさつや自分の名前が言えるまでに成長しました。

時間、空間の概念ができた

Rさん
中2・女の子

通い始めた小学4年生の頃は、曜日や時間の概念がなく、「先週運動会があった」「土曜日に○○に出かけた」といった意味が理解できず、自分でも時間の流れで話すことができませんでした。学校では算数で垂直など空間の認識が弱いとのことでした。

スパークに月2回通い、6か月で時系列で会話ができるまでに。外遊び（フィールド）では「この線にこうやって立つと平行、こう立つと垂直」「この線に平行に横歩きしてみよう」などと体を使って学ぶと、垂直、平行の概念を理解できるようになりました。

自己肯定感が高まり、チャレンジできる子に

Iくん
小1・男の子

幼稚園で自己主張が強すぎ、集団の輪に入れない。頭がよく、運動など自分の苦手を認識していて「できないからやらない」ところがありました。

まず、階段を1段ずつ足を揃えてしか降りられなかったのが、外遊び（フィールドという）1回目の帰り、早くも駅の階段を足を交互に使って降りられたとのこと。その後はたくさんほめられたことで自己肯定感が高まり、好きなことにはチャレンジできるよう成長。走り方もぐっとよくなり、友だちともかかわれるようになっていきました。

うちの子、ちょっと違う？ 発達障害とは？

生まれつき脳の配線が異なる

発達障害とは、**生まれつき脳の配線が異なり、機能に障害がある特性です**。

対人関係が苦手だったり、こだわりが強かったり、落ち着きがなかったり、読み書きや計算が苦手だったり。

一方、**特定の分野で人並み外れた能力を発揮することも多く**、エジソンやアインシュタインも発達障害だったと言われています。

生きにくさがあるので、自立のサポートを

ただ、社会生活をしていくうえで生きづらさがあり、家族にとって育てにくく感じられることはたしかです。大人たちは、かれらを自立できるよう適切にサポートし、導いてあげることが大切です。

発達障害にはいくつか種類があります。ひとりでいくつかの障害をもっている子どももいます。また、**同じ障害でも個人差が大きく、症状は一人ひとり異なります**。

コミュニケーションの障害

相手との相互的な意思の疎通をはかることが困難

- 言語の発達に遅れが見られる
- 会話がうまくできない（まったくしゃべらない、一方的にしゃべりまくる、話がとぶなど）
- オウム返しが多い
- 年齢に応じたごっこ遊びができない
- 奇妙で風変わりな言葉を使う、単調、変な抑揚がある、など

自閉症スペクトラム障害（ASD）

相互的な対人関係の障害、コミュニケーションの障害、興味や行動の障害の３つの障害がある。

相互的な対人関係の障害

人に対して、あるいは社会的な面で
適切で相互的な関係を築くことが困難

- 周りの世界に無関心
- いわゆる空気が読めない
- 目が合いにくい。人の視線がわからない
- 相手の立場になって考えられない。共感がしづらい
- 友だちと遊ぼうとしない。年齢相応の仲間関係ができない。ひとり遊びが多い
- 興味のあるものを見せたり、もってくることをしない、など

興味や行動の障害

思考や行動の柔軟性が未熟であり、こだわりが強いという傾向がある。

- 興味のパターンが強く決まっていて、没頭する
- 数字や時間へのこだわり、ある一定のもの、形、色など物事が同じであることへのこだわり
- 規則性のあるものが好き
- 道順や物事の手順など、決まったやり方にこだわる
- 変化を嫌う
- 手や指をふる、体をくねらせるなど奇妙なクセがある、など

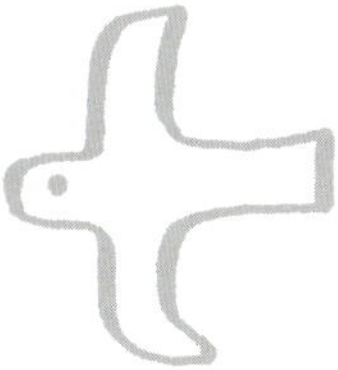

自閉症スペクトラム障害は、自閉症、アスペルガー症候群、そのほかの広汎性発達障害を含む診断名です。

ADHD（注意欠陥・多動性障害）

「不注意」「多動性」「衝動性」の特徴があり、これらのうち「不注意が目立つ群」「多動性・衝動性が目立つ群」「混合群」の３つに分けられる。

不注意

注意することが苦手

・忘れ物や失くし物をしやすい
・気が散りやすく、集中力が続かない
・ボーっとしていて、話を聞いていないように見える
・行動がほかの子よりワンテンポ遅れる
・不器用（なわとびなどが苦手）
・片づけられない、など

多動性

じっとしているのが苦手

・落ち着きがなく、すわっているべきときに立ち歩く
・体を動かすことがやめられない、など

衝動性

思いついた行動をすぐ実行してしまう

・人の話を聞き終わらないうちにしゃべり出す
・順番が待てない
・ささいなことで手を出してしまったり、大声を出したりする、など

●大きく３つに分けられる

ＬＤ（学習障害）

全般的な知的発達には問題がないのに、読む、書く、計算する、または推論する能力のうち特定の能力の習得が著しく難しい状態をいう。

計算することが苦手

- 数字や記号を理解・認識できない
- 簡単な計算が指を使わないとできない
- 繰り上がりや繰り下がりが理解できない、など

読むことが苦手

- よく似た文字が理解できない
- 文章を読むとき、どこを読んでいるのかわからなくなる
- 逆さに読んでしまう、など

推論が苦手

- 過去のことを思い出しながら筋道立てて話をしたりするのが苦手
- 論理的な思考が苦手で、図形や表の読み取りがうまくできない
- 一度に複数の課題を与えられると混乱してしまう、など

書くことが苦手

- 黒板の文字を書き写すのが難しい
- 鏡文字を書いてしまう
- 作文が書けない、など

そのほかに併せもつことの多い障害

発達障害をもつ子どもは、そのほかに下記のような障害（特性）をもつことも多い。

・感覚過敏：視覚、聴覚、味覚、嗅覚、触覚の五感に敏感、または逆に鈍麻
（一定の音に強く反応する、肌を触られると強く反応する、好き嫌いが多く、偏食など）
・てんかん
・体温調節ができないなど自律神経系の疾患
・アレルギーなど免疫系の疾患
・睡眠障害

●2つ以上の障害の特性をもつ子どももいます。

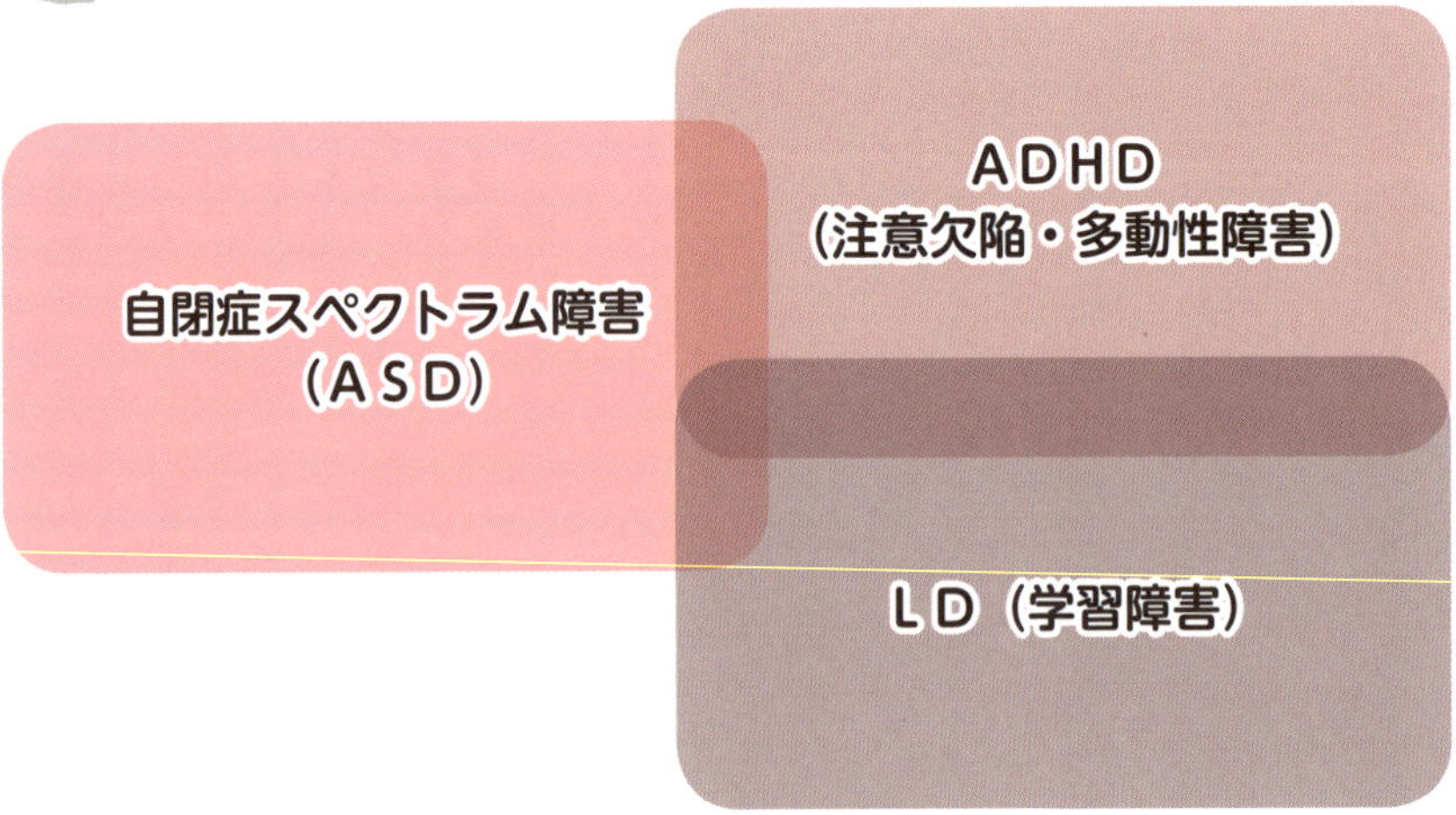
ADHD
（注意欠陥・多動性障害）
自閉症スペクトラム障害
（ASD）
LD（学習障害）

第2章

家庭でできる  運動あそび 78

大好きなパパやママ、家族がいっしょに遊んでくれたら、脳も心もみるみる成長します。ここでは、家庭で手軽にできる運動遊びを紹介します。まずは大人が率先して動き、「遊ぶって楽しい！」ということを示してください。

◎ここで取り上げる運動は、必ず保護者といっしょに、安全を確認しておこなってください。

走るの大好き！

走ることは、脳にとってよいとされる「有酸素運動」の基本です。ふだんあまり走ることのないおうちの人も、ちょっと頑張って親子でかけっこしてみましょう。影ふみ、しっぽとりなど、遊びの要素を取り入れれば、子どももおもしろがって走り続けます。

“見にいこう”かけっこ

何か目標物を探し、「ねえ、ねえ、あの木まで行ってみよう」などと誘って走ります。

うわあ〜〜
おもしろい木だ〜
見て見て見て〜〜
見にいって
みよう
早く早く〜〜

ポイント

目標物を具体的に言葉で言う

「あそこまで走ろう」といったあいまいな表現ではなく、「あのへんなピンクの花のところまで行ってみようよ」などと、目標物を具体的に言葉で示しましょう。興味をもった場所に「早く行きたい」という気持ちから、子どもは自然に走り出すものです。「うわあ〜。おもしろい石。早く行ってみよう〜」などと、ちょっとおもしろいものを大人が10倍おもしろいものに表現することも大切です。

めちゃくちゃ走り

これは「目標物がない」かけっこ。とにかく「めちゃくちゃに走ろう！」と言って、好きな方向に走ります。

かけっこ

たいていの子どもは走ることが好きですが、なかなか動かない子どももいます。まずは大人が「走るって楽しい！」ということを動きと声で表現してください。

ポイント

「好きなようにやってごらん」

「めちゃくちゃ走り」は、ふだんまっすぐに、目的地に向かって走ることの多い子どもたちにも大ウケします。「速く走って！」「ここからあそこまで」などと指示せず、とにかく「好きなように」させてみることも、ときには必要です。自由に体を動かす中で、考える力や創造力が育ち、感覚もゆたかに使うことができるからです。自由に動くことが難しい子どもには、大人がその楽しさを示しましょう。

追いかけっこ

鬼ごっこや追いかけっこは、子どもが疲れを忘れて走り続ける遊びです。頭を使うので、脳にもいい影響があります。「くすぐっちゃうぞ～」と追いかけたり、「しっぽとって～」と逃げて追わせたり。晴れた日には影ふみにチャレンジしてみましょう。

影ふみ

1 影をふまれたらおもしろポーズ

影ふんで
見て見て見て～～
ふんだよ～！
ママがヘンなダンスおどるよん

気づいたら「走っていた」

「有酸素運動にいいから走ろう」と言っても子どもには意味がわかりません。それより、子どもが何かをしたくて気づいたら走っていた、という状況をつくることが大切です。

おもしろいものを見つけたので、そこまで急いで行きたい。ママの影をふむとおもしろい顔をするから、また影を追いかけたい。ふだん動きの遅い子でも、こういう仕掛けをつくると自然に走り出します。

SPARK

スパークでは・・・

せんたくばさみ、とって

まだ
たくさん
あるよ
1こ
とったよ
SPARK
せんたく
ばさみ

せんたくばさみを服につけて、子どもに追いかけさせ、はずさせます。服にたくさんはさめば、長く遊びを楽しみ、有酸素運動を続けることができます。

番号とって

とった！
次は
3だ！

発達に偏《かたよ》りのある子の中には数字の好きな子どもが多くいます。数字のシールをつくって体につけて走り、「とって～」と逃げます。「1から順にとって」と言うのもいいでしょう。

スイッチ押して

ぴょぴょ～ん
ブ～！

スイッチにこだわりのある子には、スイッチの絵を描いた紙をおなかに貼って「押して～」と逃げます。「ブー」と押すと療育士は「ぴよぴよ～ん」と跳び上がります。子どもはおもしろくてまたスイッチを押しに追いかけてきます。

2 ママの影ふんで

もう一度
ふんでみて～
わ～い
まって～
もっと
ヘンに
おどるよ～～

3 ぼくの影ふんで

まてまて
まてまて～～
こんどはママの
番ダ～よ～～ん

しっぽとり

「しっぽとり」は多くの子どもがノってくる遊びです。ひもをお尻につけてただ走るだけでは、１回で終わってしまいます。長く続けられる工夫をしてみましょう。

まって〜!!

ふつうのしっぽ

エヘヘヘヘ
ウフフフフ
ママのしっぽとってみ〜！

とったよ〜
うひゃ〜〜ん

感情を高めてコミュニケーションを

子どもの「楽しい」という気持ちが高まっているときに「もう１回やる？」と聞くと、すぐに「やりたい！」となり、コミュニケーションがスムーズにいきます。課題を押しつけられただけで気持ちが動いていないと、やりとりは一方通行になってしまいます。コミュニケーションスキルを上げるには、感情を高めたうえでやりとりをすることが大切です。

子どもの意表をつく遊び心を

しっぽをとられたら、「あ、またしっぽが出てきた」と隠しておいた２つ目のしっぽを出してみましょう。「今度は首から出てきた」「今度はのびるゴムのしっぽだ」などと次々出てきたら、子どもは大喜びするはず。走る遊びを長く続けられます。

子どもの意表をついて笑わせ、楽しませるために、遊び心をもって工夫しましょう。

ジャジャジャ～～ン
首からしっぽ
こ・ん・ど・は
首から
出てきた
よ～～ん
え!!

のび～～～る
のび～～～る
長～いしっぽ
のび～～～る
のび～る
まだのびる～!!

ポイント

自分の意思で「走ろう」と思っているか？

子どもが自ら「もっと走りたい」と望んで走っているかが重要です。自分の意思で行動しているとき、そこには感情が伴います。脳もいい状態にあるので神経回路がつながりやすくなっていて、感情の成長にもつながります。

ポイント

「しっぽ」だけでどれだけ遊べるか

しっぽの素材、色、長さ、出てくる場所をいろいろ変えて、驚かせたり、いろいろな感触を体験させたりしてみましょう。シンプルな道具を使ってどれだけ遊べるか。大人の創造力しだいで、子どものアクションを長く保つことができます。

ボール運び

「ボールをあの箱まで運ぼう」とゴールを決めて走ります。ただボールをもって走るのではなく、おもしろい「運び方」を次々考えて誘ってみます。

箱まで運んでポン！

チャレンジ!!

①ボールを頭に乗せて運ぶ。
②ボールを足にはさんで運ぶ。
③ボールを頭と肩ではさんで運ぶ。

お腹に入れて
ボール運び

ポイント

「速く」ではなく「おもしろく」走る

「走る」というと、「速く走る」ことや「最短ルートで走る」ことを大人はまず考えがちですが、子どもが走り続けるのは「走ることがおもしろい」ときです。速く、ではなくいかにおもしろく走るか。思わず走りたくなる遊び方を工夫してください。

飽きるのはいつ？知っておこう

子どもがひとつの遊びを何分くらい飽きずに続けられるか、よく観察して把握しておきましょう。もうそろそろ飽きるな、というタイミングで次の遊びに誘うと効果的。飽きてからではテンションが下がり、元に戻すのに時間がかかってしまいます。

はじめのうちは、飽きるスキを与えないほどテンポよく「こんなのどう？」「じゃあこれは？」と次々遊びを提案していっていいでしょう。

カラスになってボール運び

やさしいカラス、笑ったカラスなどいろいろなカラスになってみます。「お母さんがやってみるから見てて。カァ～～」と率先して走りましょう。

やさしいカラスくん
カ～カ～
笑ってる
カラスちゃん
カッカカッカ
カッカッカ～～

怒ったカエルになってボール運び

ぴょ～ん
ゲロ
ゲロ

ヒュ～
ヒュ～
パチ
パチ
パチ
ヤッタ～！

ゴール

チャレンジ!!

後ろ向きに箱に入れる。

高くジャ〜ンプ!

ジャンプは足に体重の何倍もの負荷がかかることがあるうえ、体幹や、ひざ・足首など関節もしっかり使うすぐれた運動です。発達に偏りのある子の多くが、「高い高い」のような、高く上がって下りてくる体感が大好きなので、ジャンプ遊びにたくさんチャレンジしましょう。

親子でぴょ〜ん!

ジャンプは家の中でも気軽にできる遊びです。動くことが苦手な子どもの場合、ジャンプから始めるとスムーズにいくことが多く、おすすめです。

高い高〜い!

まずは子どものわきの下を両手で支えて高ーくジャンプさせてみましょう。

「せーの」でジャンプ

向かい合って両手をつなぎ、いっしょにジャンプ。

走っていってジャンプするタイミングを伝える

発達に偏りのある子の多くは、協調運動が苦手です。走っていってジャンプするのも協調運動のひとつです。大人が子どもに「走っていってジャンプ」を促すときは、ジャンプの直前に脚を曲げさせ、擬音語を入れて、ジャンプの動きとタイミングを体感させながらしっかり伝えましょう。

レディーゴー!!
それそれそれ
行くぞ〜〜

びょー
ジャーン

ん!
プ

「ジャーン」で跳び「プ」で着地、「びょー」で跳び「ん」で着地するなど、言葉（擬音語）と体のタイミングを合わせる。

3人で走ってジャ〜ンプ

大人が２人いたら、ダダダダダ……と走って、子どもの両わきを片方ずつ支えて、大きく高くジャンプ。高く跳ぶことのスリルと楽しさを味わわせてあげましょう。また、１回で終わりにせず、走る長さや速さ、跳ぶ高さ、擬音語にも変化をつけて何度も繰り返し、さまざまなジャンプを体験させましょう。

どこでもぴょ〜ん

ジャンプはリビングでも手軽にできる遊びです（マンションの下の階などに迷惑がかかるというケースは、十分考慮を）。ソファの上で、ベッドの上で、たたんだふとんの上で、ジャンプさせてあげましょう。

台からジャンプ

ポイント

擬音語を使おう

子どもが体を動かすとき、できるだけ「ドーン」「ポーン」などと擬音語を発声させましょう。擬音語を発したり声を出しながら体を動かすことは、感覚を磨き感情を育てます。まずは、大人が声を出す習慣をつけましょう。

ふくろ帽子かぶってジャンプ

ふくろ帽子や紙袋、箱などを浅めにかぶり、頭から飛ばすようにしながらジャンプ。子どもにウケます。

ポイント

大人が率先してジャンプを！

「ちょっと待ってて。跳んでくるから。ぴょーん」と大人のほうが率先して跳びましょう。「ね、もう１回やるから待ってて。どーん」と楽しさを表現し続けます。子どもが参加してこなくても、ただただ、大人が楽しそうに声を出しながら跳び続けると、子どももしだいに興味を示してきます。

ポイント

頭を使ってジャンプ

トランポリンの上でただポンポン跳び続けるのを好む子どもも多くいます。そんな子どもには、ジャンプする面にテープを貼り、そこをめがけて跳ぶようにするとコントロールの力がつきます。「1」「2」「3」と書いたシールを貼り、順番に跳ぶのもおすすめです。はじめは大人が数字を言って、意識してジャンプするよう促すとよいでしょう。

トランポリン

トランポリンの場合も、まずは大人が、跳ぶ楽しさを示します。

わざとない数字を言って「えっ？」と注意を促す。

ふとんにジャンプ

いすなど高いところから、やわらかいふとんにジャンプ。いろいろな音を出しながら、あちこちの方向から飛びましょう。「○○星人、シャキーン」などキャラクターになって飛ぶのも楽しいです。

ジャンプした先に危険なものがないように注意する。

ソファでジャンプ

「そんなところで跳びはねないの！」と言わないで。むしろ親のほうがいろいろな跳び方をして興味を引きます。

リビングであそぼ！

外に出られないときは、ぜひ家のリビングで運動遊びをしましょう。ここに紹介する遊びをヒントに、親子でいろいろな遊びを考え、発展させてみてください。テーブルなどを隅に片づけて広いスペースを確保し、危険なものは別の場所に移動しておきましょう。

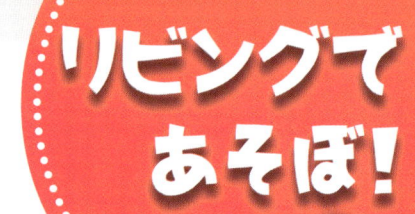

障害物競走

いすにのぼって、下りる、いすの下をくぐる、ひもを張って、通り抜ける、マットを跳び越えるなど、リビングの中で、障害物競走のコースをつくりましょう。

2 いすをくぐって

3 マットをぴょんぴょん

4 壁にタッチでゴール

チャレンジ!!

①マットの間隔を変える。
②マットの大きさが違うものを入れたり、ジグザグにするなど並べ方を変える。
③親がマットをもって、置いたところをジャンプしていく。

子どもの「注意力」をつける

障害物競走をするようなときは、安全に注意しながらも、子どもの注意力を発達させることにも留意しましょう。うまくできなくてもすぐに手伝わず、擬音語などを使って楽しい気分を保ちながら、言葉やジェスチャーでサポートします。いすをくぐって出るときには、頭がぶつからないように注意を促すため、頭に手を当てるなどして「ここで気をつけて」と声をかけるとよいでしょう。

1 いすにのぼって

いすが高くてのぼれない場合は、古雑誌を重ねて台にするなど、手伝わずにできるよう促す。

下りられない場合も、しゃがんでから下りる、後ろ向きに下りるなど、手伝わずに下りられるよう促す。

テーブル鬼

ダイニングテーブルを囲んで鬼ごっこ。スピードや鬼の頭の高さをいろいろ変えて楽しんでみましょう。

ポイント

家の中で遊ぶときは、大人が「感覚刺激」に

家の中で遊ぶときは、屋外で遊ぶときに得られる日光や風、鳥の鳴き声、花や土のにおいといった自然からの感覚刺激（情報）をほとんど受けることができません。そこで、いっしょに遊ぶ大人自身が「感覚刺激」になることが望まれます。たとえば鬼ごっこしながら、立ち上がる、しゃがむ、ころがる、後ろに回る、右の次は左など、子どもにとっての上下や向き、距離を変えてみる。また、声の大きさや声色を変えてみるなど、視覚、聴覚への刺激に変化をつけるといいでしょう。

人間障害物

大人が障害物になり、子どもはのぼったり、くぐったり。なんとか越えて、向こう側の壁にタッチするまで走ります。動かないものと違い、毎回異なった形、動きをする人間の障害物。乗り越えるのに頭を使わなければなりません。

ぐらぐらパパのぼり

SPARK

スパークでは・・・

スキンシップを重視

台の上を進んでいく「人間障害物」

スパークでは、子どもとのスキンシップを大事にしています。遊びの中でのスキンシップのほか、握手であいさつ、手をつなぐ、ハイタッチでほめるなど、療育士と触れ合うことを意識的におこなっています。子どもの気持ちが落ち着き、脳が活性化され、療育士との信頼感も増します。

子どもたちはスキンシップ遊びが大好き。

ポイント

愛情ホルモンが出る

大好きな大人にのぼったりしがみついたりすることはスキンシップになり、愛情ホルモンと言われるオキシトシンの分泌につながります。オキシトシンが出ると、通常の運動以上に脳が活性化されるのです。こうした「じゃれつき遊び」(→P118～119「用語解説」)のようなスキンシップ遊びは、ぜひ意識的におこなってください。

大人は擬音語を発しながら、前後、左右、上下にゆらしたり、緩急をつけたり、急にドスンとつぶれてみたり、さまざまな動きをする。

数字カード・色カードにタッチ

「3にタッチしよう」と言ったら、「3」をめがけて走り、手を出してタッチ。「黄色にタッチ」と言ったら、黄色いカード、「ハートにタッチ」と言ったらハートのカードをめがけて走り、タッチします。

壁タッチ

壁に向かって走り、少し手前から減速してめざす印にタッチ。これがうまくできずバーンと壁にぶつかってしまう子どもがいます。「壁タッチ」で、走ってうまく止まるコントロール能力をつけましょう。

3にタッチ
するよ〜
よーい
ドン！
さん
さん
さん
黄色は
どこかな？
きいろ…
きいろ…
あった！

近くに行ってからさがすのではなく、先にさがしてから近寄るように促す。これに慣れたら、ゆっくり走りながらさがすように導く。

さがしてタッチ

壁に貼られたものをタッチするだけでなく、家の中で「赤いもの」「丸いもの」などをさがしてタッチしてみましょう。

赤いものにタッチ

ほかに「光るものにタッチ」「足でタッチ」などいろいろなアレンジで遊んでみましょう。「いすにタッチ」と言って、大人がいすの形を体で表現するのもおもしろいです。

赤いもの
あるかな…?

チャレンジ!!

公園では「赤い花にタッチ」「緑の葉っぱにタッチ」など、いろいろな「さがしてタッチ」ができます。ほかに、大人が体で表現して「こんな形の木にタッチ」など、ユーモアも取り入れましょう。

赤い花、
タッチするよ〜
こんな形の
木に
タッチ!!

さがすということ

お母さんをさがす。ものをさがす。人生の中で「さがす」という行為は大変重要です。発達に偏りのある子どもにはこれが不得意な子がたくさんいます。

「走っていって、何色かある中で赤い紙をさがしてタッチ」するには、全体を見渡して、中から特定のものをさがすことが必要です。それを走りながらするのは、発達に偏りのある子にとって難しい運動なのです。壁タッチで、まずは「さがす」技能を身につけましょう。

3に
タ〜ッチ!

壁には、さまざまな色や数字、記号のカードを貼っておく。

チャレンジ!!

①ぬれた紙を貼っておき、「ぬれた紙にタッチ」
②同様に「びりびりの紙にタッチ」

ボールあそび

ボールを投げる、ころがす、蹴《け》ってゴールするなどの動作はコントロール能力を向上させます。投げる、蹴ることが難しい場合は、ころがすことから始めましょう。

広げた足の下にシュート

よく見て～
見て～
ここだよー
ブルブル～～
コロ……

ボールが苦手な子どもには、サッカーボールのような硬いボールより、軽くてやわらかいゴムボールのほうが扱いやすい。さらに少し空気を抜いて、ぽよぽよの状態にすると、投げたりキャッチしたりがラクにできる。

チャレンジ!!

①大人が床に両手両足をつけてお腹の下をくぐらせる。
②片手と両足を床につけてわきの下をくぐらせる。

蹴《け》ってシュート！

シュート
ポーン
ヨッ
シャー
ボ～ン！

足にはさんで ぴょんぴょん

チャレンジ!!

①空気を足してやってみよう。
②小さいゴムボールやテニスボール、大きなバランスボール、イボイボのボールなどでも遊んでみよう。

その場に参加するのが第一歩

ボール遊びというと、「投げる」や「受け取る」といった技能の習得に躍起になる家族が多くいます。しかし、ボールに興味のない子どもも、ボール遊びを苦手とする子どももいます。大人の立てた目標に早く到達させたい、とばかり強制すると、かんしゃくを起こしたり、ボール嫌いになったりしてしまいます。

それより、まずはボール遊びをしている「空間」に「参加」する、ということが第一歩です。家族や仲間がボールで遊んでいる。ボールがころがってきたから、「はい」と返す。このやりとりや、同じ空間を共有することによる「共感」の気持ちが大切なのです。ボールに興味がない子や、ボールが苦手な子に対して、焦らずに、まずは「共感」という気持ちの成長を見守ってください。

うまく投げられない
場合はころがして。

動物のまねっこ

子どもは動物のまねっこが大好き。人間がふだんしない動きをすることになるので、コントロール能力を伸ばしたり、協調運動にもなります。親子でやりとりを楽しみながら、いろいろな動物になってみましょう。

カニのまねっこ

カニってどうやって歩くんだっけ？
こうやって後ろに進むんだっけ？
色は？
目は？
手はこうだっけ？
前に走る？
ちがうよ。
こうやって
横に進むんだよ
カニって鳴く？

動物を決めたら、その動物の顔、鳴き声、動きをいっしょにやってみる。親子でたくさんのやりとりを楽しみながら、運動に持ちこむ。

アザラシのまねっこ

アザラシってどう泣くの？
ギーギーだっけ？
アザラシ～～
アザラシって何色？
後ろに走る？

犬のまねっこ

ブルドッグって
どんな顔だっけ？
こんな顔？
ブルドッグって
ブタみたい！

このほか、カエル、クモ、ウサギ、ヘビ、キリンなど、いろいろな動物になってみよう。

「動物のまねっこ」は総合トレーニング

発達障害の有無にかかわらず、たいていの子どもは動物が大好きです。好きな動物をきっかけにすれば運動につなげやすく、顔、鳴き声、動きを表現することは感覚の訓練にもなります。キャッチボールが苦手な子が、「カエルになってボールキャッチしてみて」と言うと、すぐにノってきたりします。ただ「かけっこで競走しよう」と言っても興味をもたない子が、「ウサギとカエルで競走しない？どっちになる？」と言うと、喜々として「カエルになるね」と参加してくることもあります。

新聞紙であそぼ

市販のおもちゃでなくても、身近にあるものを使って運動遊びをしてみましょう。たとえば新聞紙も、工夫しだいでいろいろ楽しく遊べます。

どこまで乗れる新聞紙

ひとりにつき１枚、新聞紙を広げ、その上に立ちます。じゃんけんをして負けたら新聞紙を２つに折り、小さくなった新聞紙の上にまた立つ。新聞紙は負けるたびに小さくなっていきます。じゃんけんができない子の場合、新聞紙を次々小さく折って乗るだけでOK。ひとりでできない場合は、親子で１枚の新聞紙にいっしょに乗っていきましょう。

1 じゃんけんぽん

2 負けたら２つ折りにする

3 また負けたら
さらに折って
４〜８つ折りに

ジャン ケン
ポ〜ン
マケ〜〜
キャ〜
うわわ〜

4 終わったら丸めてボールにしよう

5 丸めたボールを箱に入れよう

ポーン
クルクル
クルクル
クル
クル

こなごなにした者勝ち

ヨーイ！
スタート!!
ビリビリ
ビリビリ

穴をくぐり抜け競争

穴が破れたら負け。
破らずに穴をあけることが難しい場合は、あらかじめ穴をくり抜いておいてくぐり抜ける競争をしてもいいでしょう。

ギャ〜
やぶれる〜
うわ〜

ポイント

シンプルな道具で創造力を活かして

機能の複雑なおもちゃより、身近でシンプルな道具のほうがアイデアしだいでさまざまな遊びに発展し、創造力がゆたかに育ちます。

家にあるものを使って、いろいろな遊びを親子で考えてみましょう。

せんたくばさみであそぼ

せんたくばさみは、子どもにウケる代表的な「身近なおもちゃ」です。服にはさんで「とって〜」と逃げたり、指でパーンと飛ばしたり。子どもの意表をついて興味をもたせ、運動につなげていきましょう。

せんたくばさみボール、バーン!

1 ボールにせんたくばさみをつける

ぽよぽよボールにせんたくばさみをいくつかはさむ。

せんたくばさみ、ピョーン

せんたくばさみのつまみ部分を指でつまんだら、ピョーンと飛ばします。

ただの快感から目的のある遊びへ

せんたくばさみが飛ぶのを見るだけでは感覚刺激や快感にすぎません。ただ、子どもはせんたくばさみに強い興味をもつので、いかにこの興味を発展させて複雑な遊びにして、運動につなげていくかが重要です。

定型発達の子どもの場合、せんたくばさみを飛ばすにも目的をもって飛ばしますが、発達に偏りのある子は、やみくもに飛ばすことが多く見られます。「もっと遠くに飛ばしてみよう」とか、「的をつくって当ててみよう」など「目的」をもった遊びにすると、頭を使った運動になり、脳の神経回路形成につながっていきます。

2 ボールをピッと押す

ボールを思い切り両手で押すと、
ババババ〜ンとせんたくばさみが
いっせいに飛び散る。

ビニールひもであそぼ

身近にあるひもも遊び道具になります。壁と壁の間にひもを張りめぐらせてくぐり抜ける遊びや、風船バレーボール、床に十字をつくって鬼ごっこなど、新しい遊びを考えてみましょう。

ひもくぐり

風船バレーボール

部屋を少し暗くすると
集中力が増す。

公園であそぼ！

天気がよい日は、できれば公園など屋外で遊びましょう。外からの感覚刺激をたっぷり受けながらの運動は、脳の神経回路を増やすからです。遊具で遊ぶだけでなく、季節ごとの自然を感じながら遊びましょう。

たんけんたい

公園探険

木の茂みや大きな石などがある大きめの公園がおすすめ。道なき道を探検しながら走ります。探検が終わったら、コースをふりかえってみることも大切です。

たとえば……

岩のぼり

大きな岩や丸太、切り株などなんでも高いところを見つけたら、「行ってみよう!!」と誘って走ります。岩の上では、押し合いっこや足ずもう(P79)、ジャンプして下りる、などを楽しみます。

高いところから跳び下りるときは、大人がサポートしてあげてください。

ひとしきりして飽きてきたら……

落ち葉あそび

落ち葉の上でジャンプしたり、葉っぱのかけ合いっこや蹴り合いっこをしたり。

最後にもう一度走ってみよう

「1～3までのコースをもう一度走ってみない？」と誘ってみましょう。走る前に「はじめに岩の上、次はなんだっけ？」などと、子どもといっしょに言葉でコースを確認すると、発語にもつながります。

ここで紹介したコースは一例。親子で自由に探検コースをつくり出そう。

ポイント

コースをふりかえる

発達に偏りのある子どもは、人と会話をしたり、暗算でお金の計算をしたり、作文を書いたりするときに使われる脳の「ワーキングメモリ」(→P118～119「用語解説」) の容量が小さいケースが多いと言われます。屋外で起こるさまざまな状況に注意を払いながら運動し、それをふりかえることは、このワーキングメモリのトレーニングになります。とくに運動で脳がいい状態にあるときは、「ふりかえり」のいいチャンスです。

また飽きてきたら……

くぐってみよう

植物のしげみにくぐれそうな穴があったら、または半円のガードレールのようなものがあったら、「くぐってみようか」と大人が率先してくぐります。

イテテテ…
ママを引っぱって〜
おしりがぬけない…
たすけて〜

「あれ、おしりが出ない。どうしたらいいのかな？」とずっこけてみよう。

センテンスで話すということ

センテンスで話すことが苦手な発達障害の子は多くいます。「ぼく、今日、卵を食べてきたんだよ」と言えず「卵」「食べた」とワンワードでしかしゃべれないのです。「たんけんたい」で大きな石を越えて落ち葉で遊んで、穴をくぐって……。スタートからゴールまでの複雑なコースをたどったストーリーは、体を動かして経験したことなので、脳の神経回路のベースがつくられ、文章にしやすくなります。

言葉を学習するときには、体験を伴い感情を高めることが大切です。無理に言葉だけを言わせようとしても、オウム返しになるだけだったり、パニックになってしまうこともあります。運動によって脳をいい状態にしながら「もっとやりたい」という気持ちにさせて、発語につなげていきましょう。

春は芝生でゴロゴロ

芝生の丘があったら、ゴロゴロところがり下りてみましょう。子どもは大喜びします。春は、また、さまざまな生き物が目覚め、活発になる季節。冬に見られなかった生き物を親子で見つけてみましょう。

みんなでゴロゴロ

ギャッホ～
ゴロゴロ
ゴロ～
見てて～
ころがるよ～

まずは大人が「見てて」と言ってころがります。小さい子どもだったら、抱っこしながらゴロゴロ。秋の落ち葉の上でも楽しめます。

生き物さがし

ウァ～イ
行ってみよう～
あの花みて！
みて！
うわ～
きれい～
ウァ～イ
みて!!
きれいな
花だね～

ポイント

生き物を見つけよう

新しいものを発見することは、脳に刺激となり、脳を成長させます。「あの花は何？　きれいだね～」と大人が感情表現をしましょう。そして「あそこに虫がいるよ、行ってみよう」とやりとりしながら、身体活動につなげていきます。

雨上がりをあそぼ!

雨上がりは、ふだんできない遊びができるチャンスです。汚していい服と靴を身につけ、「雨のふった後、おもしろいから行こうよ!」と子どもを誘い出してみてください。

石投げぽっちゃーん

周りに人がいないことを確認して、水たまりに石投げ。「ぽ〜ん」などと擬音語を発してください。

ぽっちゃ〜ん!
ボッチャ〜ン

水たまりに向かってジャンプ

わ〜い!
パチャ〜
パチャ
パチャ…

水たまりサッカー

キック〜
ボ〜〜ン
ベチャ〜ン

ぬかるみスケート

それ〜
ひゅ〜〜!
キャ〜!
ヒュ〜

夏は水あそび！

暑い夏は、水を使った遊びをたくさん楽しみましょう。水でっぽうや霧吹きをもっていざ、公園へ。まずは、大人が「あっつ～。のどかわいた～」と自分の口に向けて水をシャーと出します。

かわいた木にシャワー

暑さでかわいた木や草に、霧吹きの水をかけてあげましょう。木や草が生き返ってくるのがわかります。

生き返ったね！
色が変わったね
シュッ
シュッ
シュッ

水で地面に道づくり

はしる～
シュッ
シュッ
シュッ
ダッダッダッ

つくったコースを走ろう

SPARK

困っている人を助けよう

スパークでは・・・

　スパークでは、暑い夏、霧吹きなどをもって遊んでいるとき、療育士がときどき「あっつー。助けて～」などと言って倒れます。すると子どもたちは「困っている人を助けよう」と療育士のそばまで走り、シャワーをかけたり、口に入れてあげたりします。こうして他人への共感の気持ちを育てていきます。

たすけて～
水をくれ～
ありがとう

ジャンプしてシャワー

シャ～
シャ～
シャ～
シュッ
シュッ
シュッ

チャレンジ!!

①くるっと一回転してから木にシャワー。
②ジャンプして、シャワーで木に水をかけながら下りる。

ポイント

さまざまな感触を味わおう

　屋外には、五感を刺激するさまざまな自然があふれています。太陽の光、風、土や草のにおい、木の感触……。五感でたっぷり刺激を受けて運動することは、脳の神経回路の新生につながります。さらに晴れた日に外で水に触れるということは、ふだんあまりしない体験なので、脳に大きな効果があります。

セミのぬけがらであそぼ

毎年、夏には、セミのぬけがらで子どもたちと遊びます。あちこちに落ちているセミのぬけがらに注目し、「これなんだろう？」という問いかけから始まって、さまざまな学びと運動をします。

1 なんだろう？

あ〜、これ
なんだろう
？？？
なんだ？
エ〜？
ここにもある
あそこにも
中身は
からっぽだね
ウンチ？
セミの
ぬけがらだよ
なに？
なに？
チョコレート？
？
よく
知ってるね
10個さがす競争をしよう

「なんだろう？」「何？」「何？」と繰り返し問いかけ、疑問を感じる感情を育てる。

答えをすぐに教えないで

子どもに「これ、なあに？」と聞かれたとき、あるいは聞かれもしないうちから、「セミのぬけがらだよ」「セミの穴だよ」などとすぐに教えてしまう大人が多く見られます。これでは子どもに想像力や考える力がつきません。

子どもが「なんだろう？」と興味をもったときは脳全体が動き出しています。そんなときは「なんだろうね」「さわってみようか」「木にもくっついているね」「もっとさがしてみようか……土の上にもあるね」と疑問をふくらませ、十分に頭を使わせてあげましょう。

自分で頭を使って体で体験したことは脳の神経回路形成につながるので、しっかりと記憶に残ります。

SPARK

スパークでは・・・

ポイント

実際に距離感を体験させる

何メートルもの高さにあるものを、抱っこしてもらえばとれると思ってしまうなど、高さの感覚をつかめない子どもが多くいます。「とりたいから抱っこして」と言われたとき「とれるわけない」と拒否せず、実際に抱っこして距離感を体験させてやりましょう。

2 どうしたらとれるかな？

とる行動を一生懸命促すことで欲求を強くし、感情を育てる。

3 何個集めたかな？

4 この穴何？　何？

しゃがむことも大切。足首を曲げて走れない子どもも多い。

すぐに答えず、なんだろう？　と考えさせる。「何が入るかな？」「ウサギ？」「ウサギってどんな大きさ？」……「セミのぬけがら入るかな？」「あ、セミの出てきた穴だ」
→「集めたぬけがらを、穴のおうちにもどしてあげよう」

スパークの時間はひとつのストーリー

セミのぬけがらを発見し、集め、数を数え、地面に穴を見つけ、なんの穴か考え、セミの穴とわかって、ぬけがらをおうちにもどしてあげる。スパークの1時間は、このようにひとつのストーリーになっています。これを先生や仲間といっしょに、同じ空間でおこなうことで、共感したり、協力したり、友だちを思いやる気持ちが育ちます。こうして感情が育ち、脳の成長、さらには発達に偏りのある子の特性傾向の緩和につながっていきます。

秋は落ち葉あそび！

晩秋は、落ち葉のたくさんある公園を見つけて遊びに行きましょう。

パパ（ママ）さがし

大人が落ち葉の山にかくれます。子どもが落ち葉をかき分けさがします。

えっ、えっ！
パパはどこ〜
どこ？
どこ？
どこ？
どこだ〜？
それそれ〜
さがせ〜
あれあれ〜
あれ〜
パパどこ〜？

思わずさがしたくなるように
大人は表現力ゆたかに。

落ち葉ボール

ビニール袋に落ち葉をつめて、投げたり、キャッチボールしたり。

ポーン
ウハハ〜
いくよ〜

落ち葉
シャワー！
ワォ〜
ぴょ〜ん

落ち葉にジャンプ

たっぷり落ち葉のたまったところに跳び込みます。
抱っこしてもらい落ち葉たっぷりの山にそっと落としてもらうのも大喜びします。

冬は雪あそび！

地域によっては雪がほとんどふらないかもしれませんが、雪が積もるような機会があったら、おおいに楽しみましょう。

雪の中にドッボーン！

キャ〜！
ドッボ〜ン！
ヤッホー

雪がっせん

ボールが苦手でも、雪なら楽しく投げられるという子も。

ギャ〜
にげろ〜
アアア〜
ヘヘヘ〜

コントロール能力を伸ばすあそび

自分の頭でイメージするとおりに体を動かすことをコントロールと言います。発達障害をもつ子には、コントロール能力がスムーズに発達せず、ぎこちなさの残っているケースが多くあります。コントロール能力を伸ばす遊びをたくさん楽しみましょう。

水をコップにそそぐのも、おはしで食べ物をつまんで口に運ぶのも、字をマス目の中にはみ出さないように書くのも、体のコントロールです。

多くの人はこうした動きを無意識におこなっていますが、この能力は、生まれつき備わっているものではなく、小さいときから同じ行為を繰り返し、失敗を重ねながら、しだいに身についていくものです。

楽しみながらコントロール能力を伸ばしていきましょう。

ボールを箱にポーン

あてるよ〜

的に当てっこ

あたるかな？
バ〜ン！
えいっ！
ドン
コ〜ン
ポン

いろいろな色や形、高さの的をつくり、いろいろな擬音語を使って投げてみよう。

あちこちからボン、ボン、ボ〜ン

ポ〜ン
ボン!!
ホワ〜ン
ボ〜ン

あちこちの方向から、さまざまなボールを使って投げると、投げる力や口に出す擬音語も変化し、感覚を発達させる。

SPARK

スパークでは・・・

線までジャンプ

床にテープを等間隔に貼り、テープの上を順に跳んでいきます。おうちでも床にテープを貼ったりマットを置いたりして、順に跳んでみましょう。うまくできるようになったらテープに「1，2，3……」と書いたり、間隔を広げたり、それぞれの間隔をまちまちにしたりしてみましょう。

バランス感覚を養うあそび

バランス感覚を養う運動遊びも意識的に取り入れていきましょう。ここでは片足立ちやケンケンなど、楽しみながらバランス感覚を養える遊びを紹介します。

片足立ち

急に重心が動いたとき、重心を保ってころばないようにコントロールし、姿勢を維持しようとするのがバランス（平衡《へいこう》）感覚、あるいはバランス能力と言われるものです。片足で長く立っていられる、ケンケンで進めるなどがこの能力の目安になります。

いすの上などなんでも高いところがあったら、まず大人が片足で立って「10秒立っていられるかな？」「落ちちゃうよ〜」などと遊んでみましょう。

こちょこちょ、つんつん

台の上に片足立ちしたら、大人が「こちょこちょしちゃうよ〜」「次はつんつんいくよ〜」と、いたずら心いっぱいに遊ぶ。

足ずもう

２人がそれぞれ台の上に立ち、片足を出して押し合いっこ。

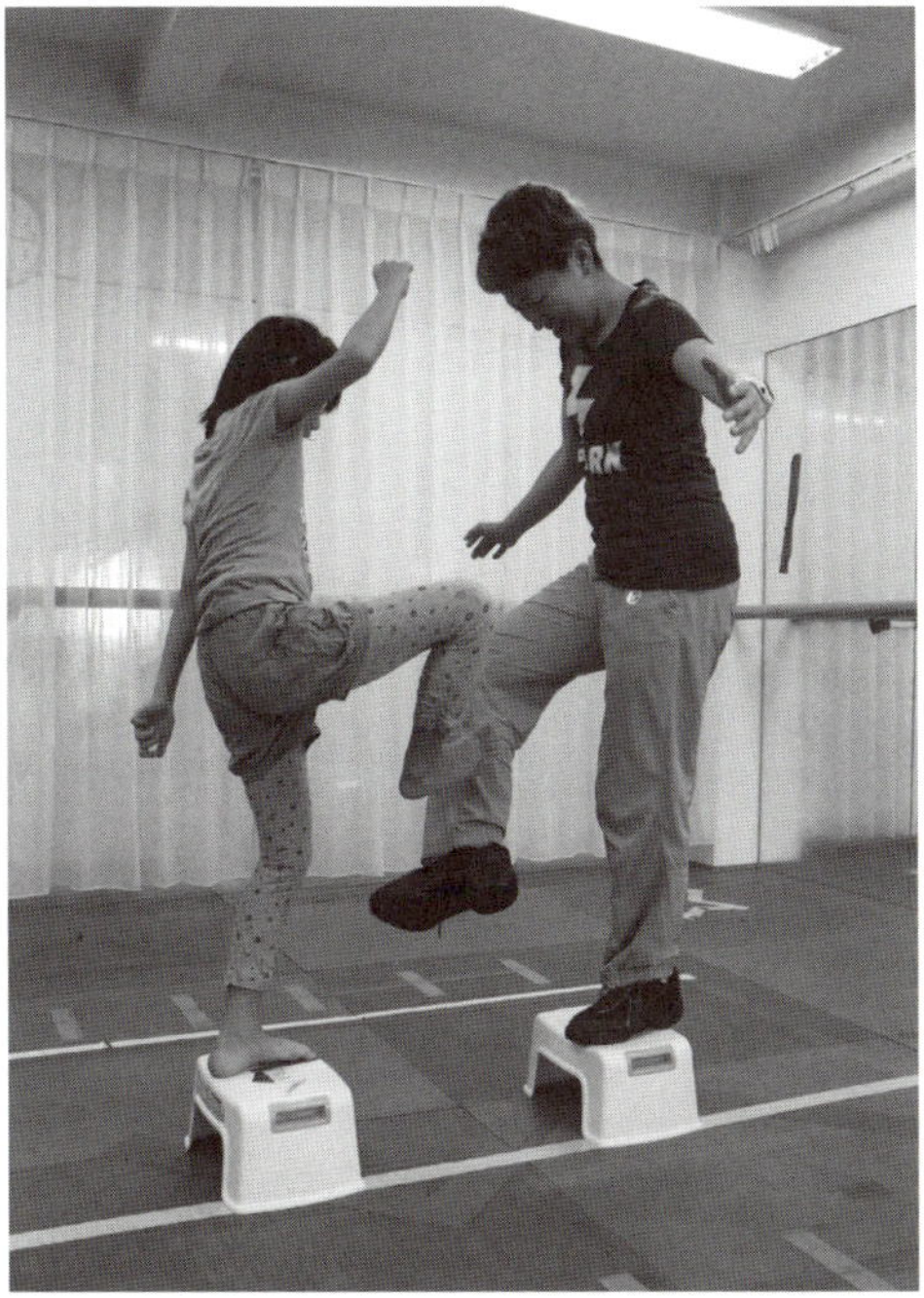

2人でバランス

わぁぁ〜
ぐらぐら
ぐらぐら〜
ぐらっ！
ワー

足もってクルクル

キャ〜！
回すよ〜
クルクル

大人の足を子どもがもって一回転ゲーム。子どもが強く引っぱりすぎるような場合は台なしでおこなう。子どもが「やりたい」と言ったら、交替する。

ケンケンパ

片足でケンケンをしてみましょう。また、地面に棒で〇を描いたり、床にテープで〇を貼ったりしてする「ケンケンパ」も、バランス運動としておすすめです。

障害物を置いてケンケンパ

ケンケンで越えていこう。
自分でコースをつくってみよう。

〇を描いてケンケンパ

家の中ではマットを並べたり、テープで〇を貼ったりしてやってみよう。

チャレンジ!!

△や□、×も加え、〇△□×でそれぞれ手拍子の数を変えたり、声に出す擬音語を変えたりする。

リズムを変えてケンケンパ

手拍子に合わせてケンケンパ

「パ」のとき手を横に。声を出してやってみよう。

SPARK

縁石の上をケンケン

縁石や細い道をケンケン。
家の中ではたたみのへりでも。

走って片足立ち

10数える間走ったら、止まって片足立ちします。

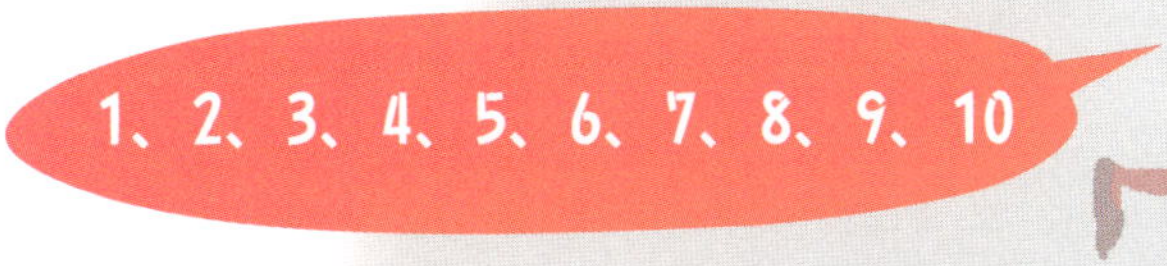
1、2、3、4、5、6、7、8、9、10

いすの上で
ポ〜〜〜ズ!!

10数える間走ったらいすの上で片足立ち。さらに10数える間走ったら手を上に。

1、2、3、4、5、
6、7、8、9、10

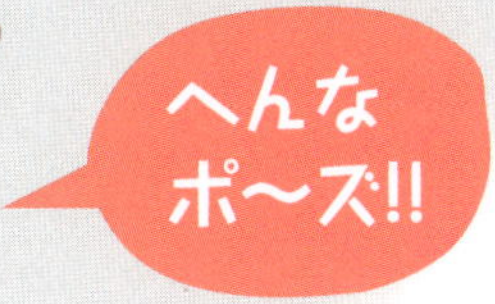
へんな
ポ〜ズ!!

さらに10数える間走ったらヘンなポーズ。

協調運動になるあそび

さまざまな動きを連動させてリズミカルにおこなうことを協調運動と言います。発達に偏りのあるの子どもには、協調運動がうまくできない子が多く見られます。協調運動を遊びの中で意識的に取り入れていきましょう。

協調運動は、右手と左手、両手と両足などを同時に動かしたり、別々の動きをしたり、さらに声も出したりなど、さまざまな動きを連動させリズミカルにおこなう運動です。たとえばなわとびは、両手でなわを回しながらタイミングよく跳ぶという協調運動です。ボール投げや水泳、自転車も、また歩きながら太鼓をたたくのも、高度な協調運動です。

歩きながら太鼓たたき

自分の名前を言いながら手拍子歩き

声、手、足を連動させる。

階段をのぼりながら手拍手

「いち、に」の声と手拍子、足を連動させる。

ポイント
リズミカルに

1、2、3と声を出したりしながら、リズミカルにおこなえるようにしましょう。大人がリズムにのって楽しく動くことが大切です。

ポイント
無理強いはダメ

協調運動を苦手とする子どもが多くいます。無理にやらせようとするとパニックになることもありますので、子どもの興味を引き出しながら、遊びの中で上手に誘導していきましょう。

ソファでジャンプしながら手拍子

「パチ、パチ、パ〜ン」と手拍子。「ぴょん、ぴょん、ぴょ〜ん」とジャンプ。手と足の動きを連動させる。「いち、に、さ〜ん」と声も連動させるとよい。

1. まずはンとパで歩こう

拍手　右足タップ　拍手　左足タップ

2. ン、パ、パ、ン、パ、パと歩いてみよう

拍手　右足タップ　左足タップ　拍手

・次にパで右足タップ、その次はパで左足タップ、と続ける。

動きがすぐにできない子どもには、
促しをしてあげよう。

応用編

● パで両足タップ（ジャンプ）してみよう

足を閉じ
「ン」で拍手

「パ」で
足を開く

● 向かい合ってやってみよう

M《ン》.PA《パ》.PON《ポン》にチャレンジ！

M《ン》.PA《パ》.PON《ポン》は、「M（ン）、PA（パ）、PON（ポン）」と言いながら手、足をリズミカルに動かす、スパーク運動療育オリジナルの協調運動です。有酸素運動にもなるうえ、感性やリズム感もみがくことができ、大人も子どもも楽しく取り組めます。さまざまな動きがありますが、基本的な動きを紹介します。家族でチャレンジしてみましょう。

M.PA.PONの基本

ン M《ン》と言いながら、拍手

パ PA《パ》と言いながら、足をタップ（踏みならす）

ポン PON《ポン》と言いながら、拍手とジャンプを同時に

3. ポンを加えてみよう(ン、パ、ポン)

拍手

右足タップ

「ポン」で拍手
しながらジャンプ

着地

再び
ン、パ、ポン…

いろいろなリズムにチャレンジ!

a ンパパパ　ンパパパ　ンパパパ　ンパパパ…

b ンパンパンパポン　ンパンパンパポン…

c ンパパポン　ンパパポン　ンパパポン　ンパパポン…

d ンンパパンパポン　ンンパパンパポン…

このほかいろいろなリズムをつくって遊んでみてください。

第3章

パパ、ママこそ療育士になれる！家族の心がまえ８か条

発達にでこぼこのある子どもを育て、いっしょに運動や遊びをするうえで、心がけてほしいことがいくつかあります。これらを心にとめて子どもと向き合えば、子どもは驚くような成長を見せてくれるはずです。

家族こそ、最高の療育ができる

家族なら、すぐに動き出す

スパークの療育士たちはおもしろくて魅力的ですが、子どもが心を開いてくれるまでには、やはりある程度時間がかかります。

いっしょに走り、遊んでもらうには、**療育士が「安心できる人だよ」とわかってもらうことが最低条件**なのです。それまでめげずに愛情をそそぎ、声をかけ続けます。

はじめから信頼の絆《きずな》で結ばれている家族なら、この時間がいりません。**大好きなおうちの人が、心から楽しそうに走り、遊び、誘導してくれたら、**子どもたちはかなり早く動き出すでしょう。

家族は子どもの最高の療育士になれるのです。

身近な家族が最も影響力のある「環境」

ということは、最も信頼されている家族こそ、子どもに最も影響力のある「環境」ということになります。ぜひ**毎日の小さな行動の積み重ね**でよりよい「療育環境」となってください。

A、Bどちらが子どもにとって最高の療育士になれる？

たとえば、子どもが石を見つけ、拾おうとしたとき。どちらが子どもの興味をふくらませ、ゆたかな感覚を育てるでしょうか。

家族は子どもの最も身近な環境だからこそ、最高の療育環境になる！

A
?
うわ〜、きれいな石
よく見つけたね〜
すごいね〜
きれいな石を
ならべてみようか
うわ〜
また見つけたの!?
それもおもしろい
石だね!!
よく見つけて
すごい!!

everyday...

1 まずは大人が自ら率先して遊ぼう

童心に返って、大きな声を出して

子どもに運動遊びをさせるときは、まず大人が自ら率先して遊び始めることが大切です。

童心に返って、大きな声を出し、心から楽しいという様子を子どもに見せてください。

はじめは本気で楽しめなくても、ちょっと頑張ってテンションを上げてみてください。

そのうち大人自身、だんだんと本当に楽しくなってくるでしょう。やがて、大好きな家族が楽しんでいる姿を見て、子どもも参加するときがやってきます。

1 子どもが応えてくれなくても遊び続ける

●参加を強制しない

大人が本気で楽しく遊び始めたとき、子どもがすぐに興味をもち参加してくることは期待しない。

●楽しんでいる姿を見せる

遊びに参加してこなくても、まずは「遊び心のある家族の姿を見せる」。

それが子どもの遊び心をつくるベースになる。

●家族の仲のよいかかわりを見せることで

子どもの感情に働きかける。

ときには ずっこける

ときには、大人がずっこけて笑わせるとよい。

おうちの人が失敗するのを見ると、子どもはおもしろがり、失敗が怖くなくなる。

競争するときも、接戦を演じて、勝ちそうになったり、負けそうになったり、かけひきあり、いたずらあり、大人がずっこけてころびそうになったりの末、やっと勝った、という体験や達成感を味わわせてあげる。

2 子どもが関心をもつ

●大好きなおうちの人がいつもと違う様子でおもしろそうに遊んでいるのを見て、子どもは**ほんのちょっと関心をもつ。**

●１回目は無関心でも、２回目、３回目には**興味を向けるはず。**

子どもが「興味を示す」。これが第２歩目。大人はそれまでめげずに遊び続ける。

3 やってみようかな

●やがて、「やってみようかな」という**気持ちが表情や言葉に出る**ときが来る。

そうしたら、すかさず「ゆうくんもちょっとやってみる？」と声をかけてみる。

2 興味につきあい、発展させる

子どもがボロ布で遊んでいる

●やめなさい、と取り上げるのではなくおもしろいのかもしれない、と**自分もやってみよう**とする。

興味をもとに遊びや運動を

子どもに走ったり遊んだりさせたいとき、**強制してもうまくいきません**。

子どもの興味、「寄り道」の世界に大人が入り、つきあうことが第一です。そして**興味をきっかけにやりとりして、さらに発展させたり**、その延長線で遊びや運動をさせましょう。

子どもは否定されることなく、ますます楽しくなっていきます。

子どもの興味は何か、よく観察して

そのためには、**子どもが何に興味をもっているのか、表情やしぐさをよく観察して知っておきましょう。**

汚い、好ましくない、などの先入観をもたず、まずは子どもの興味の世界に大人が入るところから始めてください。

課題を早くやらせるのがよい？

日本の学校の授業では、用意された課題をやるよう指示し、それをできたか、できないかで評価するのが一般的。

子どもがねらいと違う方向に行くととがめ、ＡからＢに行くと決まっていたら、寄り道せずにまっすぐに速くＢに到達してほしいと願う。

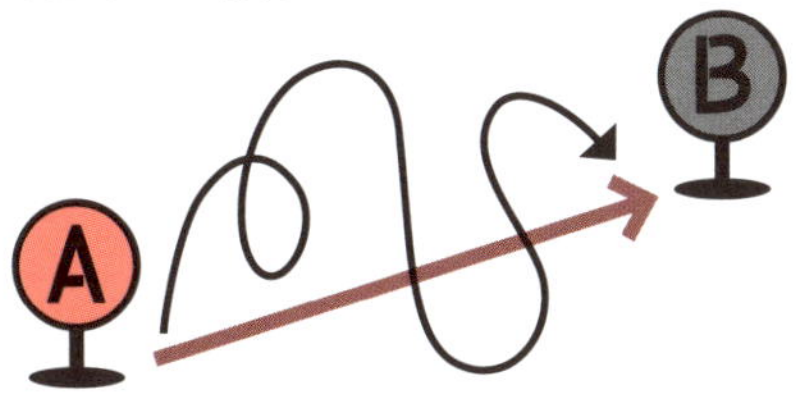
A
B

しかし、「まっすぐ速く」ではなく、どれだけたくさん寄り道してたどりつくか、が大切。

子どもの興味を無視すると・・・

●せっかくの興味の芽、わき上がる気持ちや意思を**摘み取ることに**なってしまう。

子どもは**パニックになる**ことがある。

いっしょに遊んでいるとき、アリを見つけて子どもの興味が移った

●「ダメよ、いまはこの遊びに集中しなさい」とは**言わない**。

●子どもが興味をもっているアリの世界に**参加する。**
何より子どもが自ら**関心をもち**、自分の意思で**やりたいと思ったとき**こそ、**脳が発達する。**

わぁ～ アリさん見つけたんだ ①
よく見つけたね ②
なんびきいるんだろう？ ③
あっ あっちにもアリさんが…。見に行ってみない？
1ぴき、2ひき…

①子どもの移った興味に共感する。
②見守る（すぐに参加しない）。
③タイミングを見て参加し、子どもの興味をふくらませる。

3 感覚のキャパシティを広げる

感覚のキャパシティが小さい子どもたち

子どもの脳を育て、発達障害の特性を軽くしていくために、運動とともに必要なのは、**感覚や感情をゆたかに育てていく**ことです。

発達障害のある子どもは扱える感覚の容量が小さいと言われます。運動で体の感覚を磨き、環境からの感覚刺激を幅広く受けて、扱える感覚のキャパシティ（許容範囲）を広げていくことが必要なのです。

身近な家族がゆたかな感覚や感情をもって

このとき、子どもにとって身近な環境となるのは家族です。

家族がゆたかな感覚や感情をもって表現すること、たとえばずっこけたり、擬音語を使ったり、多様な表現をすることが、子どもの感性を育て、感覚のキャパシティを広げるのです。

感覚のキャパシティが広がると、**かんしゃくやパニックを起こしにくくなっていきます。**

反応が少ない子どもには

●大きな声、オーバーなアクション、ゆたかな表情で接すれば、**視覚や聴覚への刺激になる。**

大きな声が苦手な子どもの場合は静かに対応する。

本を読んであげるとき

●役者になって感情をこめて読む。
表情もなく棒読みだった場合と比べると、**脳への刺激は大きく違ってくる。**

擬音語を使おう

子どもといっしょに運動遊びをするときに「ジャーン」「ぽーん」などの擬音語をたくさん使おう。

1 擬音語は、それ自体が感覚刺激となって、子どもの脳にいい効果がある。

2 楽しいという感情を高めた子どもたち自身も擬音語を発するようになる。

3 声と動作を同時におこなう協調運動がうまくできるようになる。

どれだけ擬音語を使える？

ビビビ～
ぴよ～ん
ブォ～！
ぐぅ～！
パーン
ドォー
ぷぅ～
バーン
ぽっぽ～
ジャーン
キャ～ッ
ゴーン

SPARK

スパークでは・・・

カラフルな服を着る

　服の色も赤、黄色などカラフルではっきりした色がおすすめ。

　スパークでは、療育士はカラフルな服装、髪の色などで子どもたちの感覚を刺激しています。服を着た大人自身のテンションも上がります。

　大人の姿そのものが、子どもの「感覚刺激」になるのです。

SPARK

4 言葉で感情を表現させよう

「こうしたい」という欲求を高める

受ける感覚だけでなく、子どもが自ら感情を表現することも、ゆたかに深めていきましょう。**感情を言葉で表せるようにするには、まず欲求を高めることが大切**です。

小さい子どもが言葉をどんどん発するようになるのは、自分の欲求を伝えたいというとき。「ママきて」「ブーブーのる」「ネンネ、イヤ」といった「こうしたい」という気持ちを伝えたいので、言葉を発するようになります。まずは「○○したい」という欲求を高めてあげることが大切です。

運動や体験で、「伝えたい」感情をふくらませる

そして、**運動や体験をすると、きれい、おもしろい、悔しいといった、さまざまな感情が生まれます。**その感情がふくらむと、「人に伝えたい」という欲求が高まり、それがさらに言葉やしぐさなどによる表現となります。

子どもの感情がふくらみ、表現となったとき、**それを受け取る大人も感情をこめたやりとりを心がけてください。**

「もっとやりたい」という欲求を高める

- もっと高くジャンプ**したい**
- もう１回○○**したい**

運動によって脳をいい状態にしながら「もっとやりたい」という**欲求を高めてあげる**ことが大切。

運動や体験で感情をふくらませる

●気持ちいい、おもしろい、びっくり……。
「伝えたい」という感情が育つ。

無理に言葉だけを言わせようにすると、パニックになってしまうこともある。感情が生まれる体験をさせることが大切。

ぐるぐる
いくよ～
クルクル～
ぐるぐる
たのしい～

目が回った～
フラフラだ～
ほんと、
おもしろ
かったね～
おもしろ
かった～
今度はもっと
速く回すよ
もっとやろう

●子どもが感情を言葉にしたら、**共感し、言葉のやりとりをする。**

おどけ、笑い、ユーモアも取り入れていこう。

5 大人も感性ゆたかになろう「ヘンテコ発見ごっこ」

喜怒哀楽を表現できる人に

子どもにたくさんの感覚情報を受けさせ、表現できるようにするために重要なのは、**大人自身が感性ゆたかな人になること**です。

さまざまな情報に敏感に反応できるようになること、また、喜怒哀楽など、**受けた感覚情報に対する感情をしっかり表現できる人になることです。**

親子で感性を磨くレッスンとして、「ヘンテコ発見ごっこ」をしてみましょう。

1 ヘンテコなもの、珍しいものを見つける

●毎日、子どもと道を歩いているときにおもしろいもの、ヘンテコなもの、珍しいものなど**「あっ！」と思ったものを見つける。**

エ～　ワ～
なんだあれ!?
すごい！　おもしろい！
オ～
うわ～
エ～～
なんだ～？
ホントだ～

2 オーバーに表現

●見つけたら、「うっわあ、おっもしろい葉っぱ！」「見て見て、ヘンな顔のネコ！」「くっさいにおい！」などと声と言葉で**オーバーに表現する。**

3 ノートに記録する

●まずは **「１日10個発見」** から始めてみよう。

発見した10個を毎日ノートに書き留める。

○月○日　A町1丁目を散歩

1 ボールをお腹に入れて歩いてるおじさん。
2 森の木々が踊ってる。
3 飛ぶのが下手なカラス。
4 木とお話ししてるおじさん。
5 恐竜が道を掘ってる。
6 寒いのに木が汗かいてる。
7 犬が歩きながらウンチしてる。
8 バスと競争してるトリ。
9 忍者が自転車乗ってる。
10 飼い主とそっくりな犬。

●２週目からは **「１日20個発見」** に挑戦しよう。

○月○日　B町3丁目を散歩

1 木が怪我してる。
2 チョコソフトクリームってウンチみたい。
3 空に大きな綿アメが浮かんでる。
4 アスファルトからお花が顔を出してる。
5 ビルの壁を散歩してるカメ（絵）
6 人面魚だー！
7 入口が見つからない不思議な家。
8 すごくボタンがたくさんある洋服大変そう。
9 カミナリだー、雲の上の鬼さんが怒ってる！
10 たこ焼き屋さんの上に大きなタコが立ってる。
11 大きな木が突き出てる家。
12 道にキャベツがいっぱい生えてる。
13 すごーく細いビル。
14 看板見てー、踏切でクマの親子がまってる。
15 すごーく古い家、オバケの家かも。
16 たかーいビルの窓を拭いてる人がいる。
17 郵便ポストは口が2つある。
18 看板の餃子でかー！
19 おおきーいタイヤのクルマ。
20 スズメが一列にならんでる。でも、一羽だけ後ろ向いてる。

子どもの感受性もゆたかに

家族の感受性と表現力がゆたかになると、子どもの感情がゆたかに広がっていきます。**子どもも「あれ、見て」と発見ごっこに参加するようになります。**

家族で「ヘンテコ発見ごっこ」を続け、感情のキャパシティを大きくしていってください。

子どもをびっくりさせ、笑わせよう

王子さま〜
おかえり
なさいませ〜

サプライズを演出しよう

子どもの感覚・感情を育てるための、もうひとつの提案は、**子どもが笑ったりびっくりしたりワクワクするような体験を、たくさん家族がつくり、演出することです。**

まずは、子どもをびっくりさせたり笑わせたりしてみましょう。

たとえば、子どもが昼寝から目がさめたとき、お母さんがお鍋をかぶって料理していたり、子どもが帰宅したとき、「**おっかえり〜♪なっさい〜♪**」と、ミュージカルのように歌いおどりながら迎えたりしてみませんか。

いたずら心やユーモアの

こんなときにサプライズ

子どもが自分の力で何かをやりとげたときは、家族の喜びを表現し、子どもの心をゆさぶるチャンス。

発達に偏《かたよ》りのある子の場合は、成功体験がなかなかないかもしれない。でも、小さなことでもいいので日常生活の中にネタを見つけ、大笑いさせたり、驚かせたり、感動させたりする瞬間をつくろう。

家族がいたずら心いっぱいなら、子どもたちも同じようにいたずら心や創造力、ワクワクするゆたかな感性が育ち、心が大きく成長していく。

著者の体験

パイ投げで「おめでとう！」

著者の息子が小学生のとき、サッカーの大会でチームが優勝しました。応援に行っていた私は先に帰宅、急いでパイを焼き、息子が「ただいま」と玄関を開けたとき、「パイ投げ」で迎えたのです。

一瞬、息子は何ごとが起こったのか？　と目を丸くしましたが、同時に「おめでとおおお～」と声をかけてハグすると、こんなにも喜んでくれたんだ、とものすごく感動してくれました。ふだんからいたずら好きな親だったからこそ、ここまで刺激的なサプライズができたのだと思いますが、皆さんも、ご家庭ならではのサプライズを、ぜひ考えてみてください。

6 ほめて自己肯定感を高める

ほめるときは、めいっぱいオーバーに

●ほめるときは「やった〜」とハイタッチして、**達成感**を味わわせてあげよう。

●いまより**声を３倍、アクションを５倍**にするくらい**オーバーに**

ハイタッチの練習をしよう

小さなことでもたくさんほめてあげて

発達に偏りのある子には、自己肯定感が低い子どもが多くいます。皆ができることができなかったり、迷惑をかけて叱られたりすることが多いこと、また脳に原因があるとも言われています。

大好きな家族にほめられ、認めてもらえると「このままでいいんだ」と自分を肯定的にとらえるようになり、表情も生き生きしてきます。

子どもが新しいことにチャレンジできたり、何かおもしろいものを見つけたり、気持ちを言葉にできたりしたときはもちろん、定型発達の子どもにとっては当たり前の小さなことでも、たくさんほめ、感動してあげましょう。

しっかり共感してあげよう

●子どもが悔しい思いをしているとき、嬉しがっているとき、悲しくて泣いているとき、**家族が寄り添って共感してあげよう。**

●**大好きな人に共感してもらう**と、「悔しい」「嬉しい」「悲しい」という気持ちを自分で確認し、味わいつくすことができるようになり、**感情を表現できるようになる。心も成長する。**

小さな「ほめられ体験」をたくさん味わわせて

●「よく見つけたね」「よく気がついたね」「素敵な服を選んだね」など、小さなことでも「変化」や「成長」を見つけて、「すっごーい」と**感動してあげよう。**定型発達の子どもには当たり前のことでも、たとえば「そんな重いランドセルを背負って帰ってきたのね、すごい！」などと**ほめてあげよう。**

●また**子どもに合ったチャレンジのチャンス**を与え、ほめる機会を増やそう。たとえば、少し頑張れば届きそうな場所にあるものを「とって」と頼み、とれたら「すごい！」「ありがとう」とほめる。必ず子ども自身が達成感を感じられる**感情が伴った成功**であることが重要。

7 その「場」「空間」に参加させる

リアルな世界で人とかかわる

発達障害のある子どもは、独自の世界に入り込んでひとりで楽しんでいることが多くあります。

できるだけ、**「家族の世界に参加する」時間を増やし**、リアルな世界で人とかかわり、**感情を共有する体験をもつこと**が大切です。

たとえば家族が楽しんでいるボール遊びに参加してこなくても、その「場」を共有している、参加している、ということがまず大事なのです。

人の気持ちへの「共感」を育てる

そのうえ、人の気持ちに共感したり、**困っている人を助けてあげたいという気持ちをもてるように**なったら、さらに進歩です。

大人が２人いるときは？

●大人が２人いるときは、子どもが苦手な遊びに**誘導するチャンス。**「ちょっと待ってて。見てて」と２人で**おもしろそうに**、たとえばボール遊びを始めよう。

●身近な家族が楽しく遊んでいるなら興味をもつ可能性が大きい。すぐに参加してこなくても、**見ているだけでもOK。**

人と人とのかかわりで学ぶ

●乳幼児は、身近な大人とのかかわりを通じてほとんどのことを学んでいく。同じように、発達に偏りのある子どもも、**大人とのかかわりが非常に大切。**

●**楽しい遊び**を通じると、かかわりをもちやすい。

●自分の独自の世界から出て家族の世界に参加させ、**感情を伴ったやりとり**をたくさんしよう。

わあ〜
あ〜、ななちゃん
ごめ〜ん、ボール
ひろってくれる〜？
ボ〜ン！
そ〜れ〜
ボヨ〜ン！
コロ
コロ

SPARK

スパークでは・・・

人と人とのかかわりを重視

フィールドでの療育では、５人くらいの子どもたちがいっしょに活動します（ひとりにひとりずつ療育士がつきます）。

遊びの中で、ときどき療育士がわざところんだり、丘からずり落ちたり、足が木から抜けなくなったりなど、予期せぬハプニングを起こします。すると「なんとかしなくては！」と、子どもたちの体がとっさに動きます。

「みんなで助けに行こうよ」と言うと自分から走り出し、助けに行きます。

こうして共感の気持ち、困っている人を助けようとする思いやりの気持ちが育っていきます。体を動かしながら気持ちが動くことで、脳と心が大きく成長します。

●まずはその**遊びの空間に参加している**という状態が大切。

子どもの特性に応じた対応

寄り道をたくさんする子には

寄り道する子には興味をふくらませる

同じ発達の偏りでも、その子の個性や偏りの特性に応じた対応をすることが必要です。「寄り道」（興味や遊び心から動くこと）を観点にすると、寄り道をたくさんする子とあまりしない子がいます。

寄り道をよくするのはＡＤＨＤの子に多く見られます。ちょっとした刺激にも反応して、興味が移ってしまい、興味が長く続かないので、できるだけひとつの興味をじっくりと深めるようなサポートが必要です。

子どもと運動遊びをするときの対応

寄り道をたくさんする子

おもにADHDの子ども

興味が浅く、広い

↓

どんどん興味が移り、ひとつの興味が続かない

↓

大人とのやりとりで、子どもが次の興味に移らないように、ユーモアと表現で、注意と興味を引っ張る

ネエ〜見て!!
あ、なんか音がした
やる！
ねえ、ねえ ねえ〜
あのボトルたおしてみようよ

「ふりかえり」も大切

発達に偏りのある子どもは、「いま」を生きることに精いっぱいで、「過去」の概念がしっかりしていない場合が多くあります。

そこで「自分の行動をふりかえる」ことを意識的におこなうことをおすすめします。

変化するさまざまな状況に注意を払いながら運動し、それをふりかえることは、ワーキングメモリ（→P118～119「用語解説」）を拡大するトレーニングにもなります。

運動で脳がいい状態にあるときは、「ふりかえり」のチャンス。遊び終わったら、少し静かにすわって手をにぎったり愛情をそそぎ、ふりかえる習慣をつけましょう。木のぼりして、ボールで遊んで……。体を動かして経験したことは言葉や文章にしやすくなります。

子どもの特性に応じた対応

寄り道をあまりしない子には

寄り道しない子には興味の数を増やす

寄り道をあまりしないのは自閉症傾向の子に多く見られます。興味の幅がせまいので、おもしろいアイデアをたくさん出して、子どもとやりとりしながら興味の数を増やしてあげることが大切です。

子どもと運動遊びをするときの対応

寄り道をあまりしない子

おもに自閉症スペクトラム障害の子ども

興味の幅がせまく、深い

↓

ひとつの興味にこだわり、興味の幅が広がりにくい

↓

感覚・感情を表現ゆたかに取り入れた運動をしながら、興味の数を増やしていく

↓

大人がおもしろい運動アイデアをたくさん提示する

嬉しい、悲しい、悔しいといった感情があまり出てこない子には

●反応が乏しい子には元気よく大きな声、擬音語、オーバーなしぐさで
●感覚が過敏な子には穏やかに

運動や表現ゆたかなたくさんのやりとりによって感情を高める

↓

子どもが感情を表したら、大人が共感してあげよう（→P96）

こだわりがある場合は、こだわりを運動につなげるきっかけにする

外界に興味をもたない場合は

↓

リアルな家族の世界に参加させよう（→P104）

8 根っこから成長させよう

子どもが「遅れている」と焦る家族が多い

子どもは一人ひとり成長の速度が異なりますが、大人は同じ年齢の子と比較して、「できる」「できない」を気にしがちです。

発達に偏りのある子の場合は「できない」「遅れている」ことがたくさんあり、焦ってしまう家族が多いようです。

しかし、**「課題」を与えて訓練するというやり方では、その技能を一時的に習得できても、応用ができるようにはなりません。**土台としての脳が成長するわけではないからです。

土台から育てる

発達障害のある子どもは、まず、根っこや幹といった土台からしっかり育てることが重要です。土台となるのは脳であり、思考力や表現力（幹）、運動・感覚・感情（根）です。そのためには、一つひとつの技能をできるかできないかにこだわらず、**子どもの主体性を重視して、脳そのものを成長させることを第一に考えてください。**

土台が育てば、さまざまな技能が向上するだけでなく、発達段階が上がって年齢に近くなり、社会のルールや親のしつけも理解して受け入れられるようになります。

根や幹といった土台を育てる
枝や葉っぱも育つ
行動
枝や葉だけに水をやっても、木は成長しない
土台となるのは思考力や表現力（幹）運動・感覚・感情（根）

目に見える言葉や行動だけを変えようとしない

あきらめないで

大人が率先して遊び始めても、子どもがいつまでも動かずノってこないこともあるでしょう。そんなときは、がっかりしてあきらめたくなるかもしれません。

でも、**この本に書いたことをやり続けてもらえれば、子どもは必ず変わります。**数日でも、よく見ると小さな変化が現れるはずです。**繰り返していれば、それがどんどん大きな変化となって嬉しい驚きがあるはずです。**

どうか、すぐにはあきらめず、めげずに、信じて続けてみてください。

わが子が大きく成長した！

家族のスパーク体験記

自分を解放できるスパーク。友だちの輪に入れるようになった

A・Tくん（小5・男の子）

担任の言葉に驚き服薬も始めた

幼児の頃から探究心と知識欲が旺盛、好きなことには何時間も没頭する子でした。

様子がおかしいと思い始めたのは小学校に入学してから。担任から、言うことを聞かない、私語が多すぎる、フラフラ徘徊する、課題やテストをやらない、忘れ物が多いなどの指摘を受け、大変驚きました。

実家の母に発達障害ではないかと言われて本を読み、ADHDの症状と酷似していると思い、担任に相談。学びサポートや学校と連携して、環境からのアプローチをしましたが、やはり改善されず、受診したのが1年生の3学期頃。それから臨床心理士と作業療法士の療育を受けながら、小児科神経外来に通院し、ADHD治療薬のコンサータを処方してもらうようになったのが2年生の10月でした。

対人感覚が個性的すぎるために一線を引かれ、友だちの輪に入れない。授業でも場面に関係なく発言したり、教師が理解してくれないとキレて怒鳴ったり、危害を加えてしまったり。服薬するようになってからは授業に落ち着いて取り組めるようになった一方、怒りのコントロールは難しく、対人関係はあまり変わりませんでした。

4年生になる頃、新しくなった担当医の紹介でスパークを知り、体験に行きました。子どもひとりに対して大人がひとりつき、みんなで手をつないで走ったり、大きな声で笑う様子はとても楽しそうで、どの子も生き生きしていました。

写真は本文と関係ありません。

対人スキルがつき自信となっていった

体験後、本人が希望したことと、私自身も活動内容やシステムに納得でき、子どもへの細かいケアに安心したので通所を決めました。

はじめてスパークから帰ってきたときの、わが子の瞳の輝き、笑顔、そして何かスッキリしたような、晴れやかな表情。スパーク運動療育を始めてよかったと心から思ったことを覚えています。

学校でもサッカーチームでも、いつも自分を抑えなくてはならない意識はあってもそれができない自分に怯《おび》え、自分を出すことができなくなっていたのかもしれません。スパークはありのままの自分を出せる場とわかったのでしょうか。心おきなく自己解放してきたように見えました。

外遊び（フィールド）のプログラムでは、参加している子の年齢も特性もさまざまです。自分とも、クラスメイトとも違う子とのかかわり、また、どの子にも柔軟に対応するスタッフの方々の姿勢は、本人の中に貴重な対人スキルとして刷りこまれているのだと思います。3つ下の妹に対しても、接し方がお兄さんらしくなってきました。

自然を感じながら、駆け回ることの楽しさや、それらを他人と共有できる喜びは、経験を重ねるごとに自信となり対人関係において大きな変化をもたらしました。

心も体もスッキリできて自分でいられる時間

4年生の2学期から通級学級にも通い始め、学校という場での対人スキルを学ぶチャンスができたこともあり、最近ではクラスメイトやチームメイトといっしょに行動できるようになり、引かれていた一線が消えつつあります。

担任からも「よい方向に変わりましたね、Aくん、頑張ってますね」と言われます。本人が友だちの輪に入りたい一心で努力してきたこともありますが、その努力を支えてくれる数々の環境に出会えたおかげで、伸びることができました。

息子は毎回スパークに行くことを楽しみにしています。家からは遠く、電車を乗り継がなければならないのに、必ず「行きたい」と言います。

思い切り体を動かして、たくさん笑って、心も体もスッキリできて、自分でいられる時間。それを見守ってくれる先生方。それが息子にとってのスパークなのだと思います。

1年も経たないうち表情がよくなり友だちもできた

Y・Sさん（小4・女の子）

友だちを困らせてしまう子どもだった

いつも表情が乏しい子でした。友だちとのかかわりも苦手で、仲のいい友だちはつくれませんでした。

他人の気持ちを考えることが難しく、友だちのおもちゃや靴を隠して困らせたり、泣いている友だちに「赤ちゃんみたいで恥ずかしい」と言ってしまったり、イヤだと言うのにずっと友だちの口真似をしたり。

外出先でバッタリ会った友だちが娘の名前を呼び手を振ってくれていても、無視してしまったり。

近くのおばあちゃんの家に行ったときは、皆が1階のリビングにいても、ひとりで2階の部屋にこもってしまうことが多くありました。

5つ年下のいとこが話しかけたり抱きついたりしてきても、返事をしたり遊んでやったりすることは一切なく、まるでそこに誰もいないかのような態度をとっていました。

笑顔が増え、「ありがとう」が言えるようになった

スパークに通うようになったのは、発達障害の担当医に運動療育をすすめられたことがきっかけでした。3年生のときです。

笑顔が増え、表情がよくなり、「ありがとう」や「ごめんなさい」が言えるようになりました。パッと口から出るというよりは、「あ！ いま、ありがとうって言わないと」と一瞬考えて一生懸命に言っている感じですが、言えるようになっただけでも格段の進歩です。以前はなかった「気持ちがいいね」や「おいしいね」などの言葉も出てくるようになりました。

おばあちゃんの家でも、2階にこもることはほとんどなくなり、会話を楽しめなくても、皆のいる部屋で塗り絵をしていたりしています。

外で友だちに会ったときも、無視せずに軽く手をあげるくらいはできるようになりました。いとこに対しても、少し世話をしたり、手をつないで歩いたりすることもあり、すごい進歩です。

学校に行くのも楽しいようで、長い休みのときなど「あと何日で学校に行ける！」と数えています。仲のいい友だちもでき、休み時間にも固定の友だちと遊べているようです。

学校の話をしてくれることも増え、最近では、クラスに転入生が来た話をしてくれました。

スパークに通い始めて、まだ1年も経っていませんが、あまりの成長に祖父母や曾祖母まで驚いています。苦手なことやできないこともまだ多いものの、少しずつ娘のペースでできることが増えていってくれたらと思います。

自分から人とかかわりたいと望むようになった

T・Mくん（中2・男の子）

ニッコニコの笑顔を見せるようになった

幼少期より模倣《もほう》が苦手でした。手を洗うことひとつとっても母親が見本を示して教えられないので、直接子どもの手をとって教えました。

走るのは速いのにボールや協調運動は苦手。上手に体の使い方を教えてくれるところをさがし、小4のときスパークに出会いました。

はじめは大好きな数字を使って指導してくれました。床に数字を貼って、1を踏む、次に2、そして3。順にリズムよく踏んでいくと自然とステップを踏めるようにしてくれたり、先生の体に貼られた3のシールと息子の背中に貼った5のシールをくっつけながら移動したりして体への意識をつけてくれました。

ふだんしないような複雑な動きも、こうして無理なく習得できていきました。これらを本当に楽しい雰囲気でおこなってくれるので、いわゆる運動教室に通っている意識はまったくなかったと思います。

そして、それまで人のことは大好きなのに、あまりわかりやすい反応を示さなかった息子が、先生に会うとニッコニコの笑顔を見せたり、できたときはいっしょに喜ぶ姿を見せたりするようになりました。

頑張ればできるかも、とチャレンジする姿勢が生まれた

親として印象的だったのは、若手の先生が少し簡単なことから始めようとすると、当時もう小学校高学年だった息子の様子を見て、清水貴子先生が「Tちゃんもっとできるから」と若手の先生に声をかけ、少し頑張ればできそうな内容をすすめてくれていたことです。そのやりとりを本人も聞いていたのでしょう。「自分もやればできるかも。ちょっと頑張ってみようかな」という姿勢が生まれ、できないとふらっとその場を離れてしまうことが減りました。

中学生になった現在もまだ課題は多いのですが、ずっと受け身だったわが子が、自分から人とかかわりたいと望み、行動している姿を見るのは嬉しいものです。

貴子先生の素敵なところは、子どもを障害児としてではなく、ひとりの子どもとしてとらえ、人としての成長を考えてくれるところです。

これは先生が障害児の訓練をしていたのではなく、ダンサーという表現者だったからでしょうか。療育を長年してきた人が陥りやすい、障害というものにとらわれた視野のせまさのようなものがなく、それでいて子どもの実情をしっかり把握し、上手に伸ばし自分を表現させるよう導いてくれます。

また、いつもエネルギーにあふれていて、母親でさえグイグイとペースに引きこまれてしまいます。子どもにとっても母親にとっても貴重な場所です！

自分の思いついた遊びに とことんつきあってくれる先生

ひとりの世界に閉じこもりがちだった

スパークに見学に行ったのは息子が3歳11か月のときでした。当時通っていた幼稚園生活と発達障害の行動療法に基づいた療育では、息子の課題へのアプローチは難しいと考え、思いつくかぎりの言葉で検索をかけ、スパークと出会うことができました。それまでは視線が合わない、こだわりが強く怖がりで滑り台やぶらんこなどの遊具で遊べない、ひとりの世界に閉じこもりがちで外遊びが苦手な子でした。

　大好きな先生方と出会い、息子の能力はぐんぐんと引き伸ばされてゆきました。体を動かすようになり、体力が向上。視線が合い、表情がゆたかになり、気持ちの切り替え、感情のコントロールができるようになりました。

　対人面においても著しい成長を見せました。清水貴子先生の言葉「楽しんでいるときにグッとキャパシティを広げてあげましょう」、「家の外でどんなにイヤなことがあっても家庭内で子どもが全部出せるようにしてあげよう」。その言葉のままに実践してくださるレッスンにより、かつての姿からは想像できないほど成長しました。

いっしょに「鬼のパーティー」で盛り上がってくれた

先生方に対して、「そこまでやってくださるなんて」と印象深かったのは、5歳の秋のスタジオレッスンでのこと。

　息子がひとりの世界で暴走しつつ発した「鬼ごっこ最終回 〜鬼は外バージョン」というテーマ（？）のもと、いっしょにたくさん体を動かし盛り上がり、最後は「鬼のパーティー」を開き、BGMをかけて「めちゃくちゃダンス」をしてくれました。このBGMについても、息子が「先生、あれだよ！　あれっ！　先生たちがヘンな格好して出てきたあれっ！」と理解しづらいリクエストをしたにもかかわらず、先生はその曲を当て、探し出して流してくれました。

　息子はこのように、自分が思いついた遊びにとことんつきあってくださること、かっこいい！、かわいい！と憧れてしまう先生がおられることに魅力を感じていたようです。

　スパークとの出会いにより親子ともども救われました。

K・Nくん（小1・男の子）

親の気持ちに余裕ができ、子どもと笑い合えるようになった

S・Iくん（小2・男の子）

「愛するわが子を育てる」ことに気づかせてくれた

2歳を過ぎた頃、言葉が遅い、目が合わない、ひとり遊びしかしない…など気になる点があり受診。広汎性発達障害（※）の傾向があると言われ、主人といろいろ調べてまずは病院と家庭での療育を始めました。

幼稚園に入園した頃からいろいろな教室を試しました。スパルタな教室で息子が笑わなくなり、半年で辞めたこともあります。やがてスパークのことを知り、体験に行きました。

衝撃的だったのが先生のテンションと、初対面なのにありのままの息子に思いっ切り愛情たっぷりに接してくださったことです。いままでの療育は「問題行動を減らし、定型発達の子や、環境に合わせる（型にはめる）ような療育」でしたが、「ありのままの君も素敵だよ」という入り口に、何より親の私が励まされました。もちろん息子もとても気に入り通うことになりました。

先生方は「発達障害の子」ではなくSを見て接してくれ、息子の特性をマイナスではなく、まずプラスにとらえてくださいます。

2歳の頃から問題行動ばかりに着目し、「発達障害の子を育てる」ことに必死になっていた私に、「Sという愛するわが子を育てる」ことを気づかせてくれました。

はじめてのことにもチャレンジできるように

スパルタだった療育教室では問題点ばかりを指摘され親子で下を向いて帰っていましたが、スパークで体を動かした後は、興奮して楽しかったことを話してくれる息子と、笑いながら帰れるようになりました。

親の気持ちに余裕ができ、毎日笑顔でいることで子どもは変わってきます。

アイコンタクトをして笑い合ったり、会話も上手になりました。感覚過敏でにおいや感触が苦手だったのですが、フィールドで楽しみながら苦手な葉のにおいや水にぬれることも大丈夫になりました。遊んだことのない遊具はやらない息子に、根気よく楽しく自信をもたせながら克服させてもらい、それからははじめてのことにもチャレンジする意欲が出ました。少人数で移動するフィールドでは、自然とほかの友だちに気配りをするようになりました。

スパークに出会い、この子はこの子の素晴らしい個性があること。苦手なことは楽しみながら克服できること。あきらめずにチャレンジして喜びは大げさなくらい分かち合えば、また次の意欲につなげられることを改めて教えていただきました。

就学は、迷った末、普通学級だけの私立小学校をたくさんの方に助けられながら受験。合格できました。「頑張ったら合格できた」という喜びをバネに、息子はまたいろいろなことにチャレンジしています。

※自閉症スペクトラム障害のひとつ。P34～35参照。

究し続け、じゃれつき遊びをすると脳の前頭葉が活発に動くことがわかりました。このことと、家庭でできるじゃれつき遊びの例を紹介した本『脳をきたえる「じゃれつき遊び」』が出版され、さらにテレビなどで紹介されて、「じゃれつき遊び」は全国に知られるようになりました。

参考文献

『脳をきたえる「じゃれつき遊び」』正木健雄、井上高光、野尻ヒデ著、小学館、2004年

体性感覚

生理学の分類では、人間の感覚は連絡回路の違いによって、次の３つに分けられます。

1. 特殊感覚（視覚・聴覚・嗅覚・味覚・平衡感覚）
2. 体性感覚（触覚・圧覚・冷覚・痛覚・運動感覚・筋肉感覚）
3. 内臓感覚（臓器感覚・内臓痛覚）

私たちは、体を使いながらこれらの感覚を通して絶え間なく入力される膨大な量の情報を脳に送り、脳はその情報を統合することによって物ごとや状況を認識しています。たとえば、私たちはものの表面を指で触れ、その指を動かしてザラザラ感や硬さなどの情報を集め（アクティブタッチ）、視覚など他の感覚も総動員して認識しているのです。このとき、触覚を含む体性感覚がそれらの情報を統合するベースとなると言われています。この感覚情報から生まれるのが感情です。

スパーク運動療育では、有酸素運動で脳をよい状態にしたうえで、コントロール、バランス、協調運動など自分の体を意識した運動を通じて体性感覚とその他の感覚を磨き、ゆたかな感情を育てています。

参考文献

『臨床の知とは何か』中村雄二郎著、岩波新書、1992年

ワーキングメモリ（作業記憶）

短い時間に心の中で情報を保持し、同時に処理する能力のことを指します。米国UCLAのフステル教授によると、ワーキングメモリは体内の情報（ホルモンのレベル、機嫌、感情、さまざまな感覚器官からの情報など）、体外の情報（五感によって伝達される絶え間ない情報の流れ）、そして根源的システムの情報（言語、記憶、価値観、文化、倫理観、法律など）を瞬時にすべて取り入れ、分類し、一連の行動を起こす決断をくだし実行する機能ということです。会話や読み書き、計算などの基礎となる、私たちの日常生活や学習を支える重要な能力ですが、発達障害児は、この作業記憶の容量（キャパシティ）が小さいと言われています。そして、運動がワーキングメモリを改善することが知られています。とくに、刻々と変化する周囲の環境に注意を払いながら屋外でランニングをすることが効果的だと言われています。

スパーク運動療育では、屋外でさまざまな感覚刺激を受けながら思い切り体を動かす「フィールド・スパーク」というプログラムで発達障害児のワーキングメモリを高めています。

参考文献

『脳のワーキングメモリを鍛える！―情報を選ぶ・つなぐ・活用する』トレーシー・アロウェイ、ロス・アロウェイ著、栗木さつき訳、ＮＨＫ出版、2013年

用語解説

EQ（心の知能指数）

エール大学のピーター・サロヴェイ博士とニューハンプシャー大学のジョン・メイヤー博士が提唱し、研究を進めたハーバード大学のダニエル・ゴールマン博士が、後に『EQ こころの知能指数』を著したことで世界中に普及した概念。

人間関係を良好に保ち、社会で成功するためには、IQ（知能指数）よりもEQのほうが大切だと言われています。EQは次の５つの能力で構成されます。

1. 自分の感情を認識する能力
2. 自分の感情をコントロールする能力
3. 自分のモチベーションを高める能力
4. 他人の感情を認識する能力（共感力）
5. 他人の感情を受けとめる能力（対人関係能力）

脳科学によると、大脳新皮質は扁桃体をはじめとする大脳辺縁系の働きを調整して、人間が衝動に対してより分析的で適切に反応できるようになることで、これらの能力が高まるのです。

発達障害児は共感力や対人関係能力が低いと言われています。EQを高めるには、日常の小さな出来事にも目を向け、感動する習慣をつけることが有効だとされていますが、スパーク運動療育では、感覚を磨き感情に働きかける運動とDIRフロアタイム（下の項参照）のかかわり方でEQをきたえています。

参考文献

『EQ こころの知能指数』ダニエル・ゴールマン著、土屋京子訳、講談社、1996年

DIRフロアタイム

故スタンレー・グリーンスパン博士などジョージ・ワシントン大学の研究グループが開発した「発達論的療育」のひとつ。自閉症スペクトラム障害、注意欠陥・多動性障害、学習障害、精神疾患を問わず、子どもの発達を促す効果的な技法として知られています。DIRは、Developmental、Individual Differences、Relationship-basedの頭文字で、子どもの発達段階に合わせ、感覚情報処理や運動能力の個人差に配慮し、感情面での意味のある人間関係を重視した療育理論です。そして、DIR理論に基づいた療育手法がフロアタイムです。文字どおり、大人が自宅のリビングルームの床に降りて、子どもが興味をもったおもちゃを使っていっしょに遊びながら双方向のコミュニケーションをおこなうことで子どもの心身の発達を促します。日本ではまだあまり知られていませんが、欧米では脳科学的にも臨床的にもその効果が認められて広く普及しています。

スパーク運動療育の場合は、ものではなく保護者や療育士が子どもにとって最高のおもちゃであり続けられるように訓練しています。

参考文献

『自閉症のDIR治療プログラム―フロアタイムによる発達の促し』S・グリーンスパン他著、広瀬宏之訳、創元社、2009年
『ADHDの子どもを育む―DIRモデルにもとづいた関わり』S・グリーンスパン他著、広瀬宏之監訳、越後顕一訳、創元社、2011年

じゃれつき遊び

宇都宮市のさつき幼稚園で1980年より続けている、大人と子どもで思い切りじゃれ合うように遊ぶスキンシップ遊び。日本体育大学の故正木健雄教授のグループが、この園の子どもたちの脳の特徴を調査・研

著者　清水貴子（しみずたかこ）

一般社団法人日本運動療育協会 理事。「EQを鍛える身体ワークショップ」主宰、舞踊家。1962年大阪生まれ。幼少の頃からダンスを始め、18歳でダンス・カンパニー「WITH」を立ち上げる。その後、上京してソロの舞踊家として数々のステージに出演。レイティ博士との出会いから脳の発達を促すさまざまなトレーニングプログラムを開発し、発達障害児の改善、企業に働く社員のうつ予防、高齢者の認知症予防などを目的に幅広く指導している。

監修者　ジョン・J・レイティ

ハーバード大学医学大学院精神医学准教授、臨床医。医学博士。一般社団法人日本運動療育協会 特別顧問。1980年代にエドワード・ハロウェル医師とともにADHDの研究を始め、94年にはじめてこの障害をわかりやすく解説した本『へんてこな贈り物』を出版。2008年にはアメリカでベストセラーとなった『脳を鍛えるには運動しかない！（原題／SPARK）』を出版。健常者だけでなく、あらゆる精神疾患や発達障害をもった患者に運動の有効性を説き処方している。現在、ボストンで医療に携わるかたわら、非営利団体Sparking Lifeを主幹し、世界中で運動の本来の意味「運動は私たちの脳細胞を増やす最も有効な手段である」を普及している。2014年には『Go Wild 野生の体を取り戻せ！』を出版し、現代文明に生きる私たちの苦悩を緩和するために、運動はもとより、食事、睡眠、自然、他者との絆、マインドフルネスなどライフスタイルを総合的に見直すことを提唱している。

イラスト　ナムーラミチヨ

絵本作家。1948年生まれ。主な著作に『からだドックンドックン…』（赤ちゃんとママ社）、『だっだぁー』『だっころりん』（主婦の友社）、『dadaaa』『HI HI HA HA HA』（l'école des loisirs）『ころころとんとん』『おぱっけ～』（フレーベル館）など。

カバー・本文イラスト／ナムーラミチヨ
カバー・本文デザイン／Chadal 108
スパークの屋内写真／熊谷直貴
スパークの屋内写真／日本運動療育協会
その他の子どもや親子の写真／123rf
企画・編集協力／榎本康子

●本書は、保護者が家庭で行える運動療育について説明したもので、商業的目的での利用はできません。本書に記載されているスパーク運動療育のプログラムを指導するには、一般社団法人日本運動療育協会が認定する運動療育士の資格を得て、一定期間のプログラム研修を受講することが義務づけられています。

●スパーク運動療育、運動療育士、スパーク運動塾は一般社団法人日本運動療育協会の登録商標です。

●スパーク運動療育を受けたい方や運動療育士の資格認定を受けたい方は、一般社団法人日本運動療育協会のホームページまでお問い合わせ下さい。http://www.sparkinglife.jp

発達障害の子の脳をきたえる
笑顔がはじける　スパーク運動療育

2016年4月25日　初版第1刷発行
2022年6月27日　　　第2刷発行

著　者　清水貴子
発行人　下山明子
発行所　株式会社小学館
〒101-8001　東京都千代田区一ツ橋2-3-1
電話　編集　03-3230-5446
販売　03-5281-3555
印　刷　図書印刷株式会社
製本所　株式会社若林製本工場

ISBN 978-4-09-310849-2

校閲／小学館クリエイティブ　制作／鈴木敦子・星 一枝・太田真由美
販売／窪 康雄　宣伝／荒木 淳　編集／青山明子